『포은집』 사자성어로 본 정몽주의 사상

채마밭에서 캐낸 가언嘉言

저자 **김원준**

영남대학교 국어국문학과 졸업, 동대학원 박사졸업(한문학전공)
경북대학교 영남문화연구원 연구교수
현) 영남대학교 국어국문학과 교책교수

저서 『敎養漢文』(공저), 대교, 2006.
　　　　『논술 다이달로스와의 약속』 4권(공저), 한국학자료원, 2006.
　　　　『문학의 맛과 향기』(공저), 정림사, 2008.
　　　　『소단적치』(공저), 정림사, 2011.

논문 「「東詩」를 통해 본 지봉 비평의 一端」, 「'달'에 投影된 退溪의 意識과 情懷」, 「퇴계시에 나
　　　　타난 꿈, 그 형상화의 의미」, 「'읽기·토론·쓰기' 통합 교육의 효율성 제고」, 「퇴계와 율곡
　　　　의 독서법 용어를 통한 고전독서이론의 모색」 외 20여 편

카툰 : 천명기 화백
후원 : 포은선생숭모사업회(회장 : 이남철)

『포은집』 사자성어로 본 정몽주의 사상

채마밭에서 캐낸 가언嘉言

2013년 5월 6일 초판 1쇄 펴냄

지은이 　김원준
펴낸이 　김흥국
펴낸곳 　도서출판 보고사

등록 　1990년 12월 13일 제6-0429호
주소 　서울특별시 성북구 보문동7가 11번지 2층
전화 　922-5120~1(편집), 922-2246(영업)
팩스 　922-6990
메일 　kanapub3@naver.com
http://www.bogosabooks.co.kr

ISBN 979-11-5516-005-3
　　　979-11-5516-004-6　04700(세트)
ⓒ김원준, 2013

정가 12,000원

이 도서의 국립중앙도서관 출판시도서목록(CIP)은 서지정보유통지원시스템 홈페이지(http://seoji.nl.go.kr)와 국
가자료공동목록시스템(http://www.nl.go.kr/kolisnet)에서 이용하실 수 있습니다.(CIP제어번호: CIP2013003917)

圃隱集 四字成語

『포은집』 사자성어로 본 정몽주의 사상

채마밭에서 캐낸 가언嘉言

김원준 지음

보고사

시대의 변화가 급박하게 돌아가는 요즘이다. 새로운 과학 기술이 우리 삶 곳곳에 파고들어 편리라는 문명의 이기를 만끽하고 살아가는 시대다. 서면 앉고 싶고, 앉으면 눕고 싶은 것이 인지상정이라 '빠름 빠름'을 외치며 인간의 욕구를 충족시키는 데 혈안이 되어 있다. 봇물처럼 터져 나오는 문명의 이기 앞에서 현대인이란 인증을 받기 위해 첨단 기기의 조작에 빠져있는 자신을 발견하게 된다. 첨단 기기가 나를 길들이는 것인지, 내가 첨단 기기를 활용하는 것인지 모호한 지경에 빠져 있다. 주체와 객체의 혼돈 속에서 자신의 정체성을 잃어가고 있는 모습이다.

온고지신(溫故知新)이란 말이 참으로 유효한 시대이다. 옛 것에서 배워 새로운 것을 깨닫는다는 말은 단순히 지식의 습득과 이해에 머물지 않는다. 옛 것이 지닌 정신적 가치를 온전히 깨쳐 자신의 것으로 승화하라는 것이다. 이렇게 될 때 자신의 존재나 정체성이 확립된다. 반면 정체성의 부재 상태에서 받아들이게 되는 새로운 것은 내 것이 될 수 없을 뿐만 아니라 오히려 새로운 것에 내가 휘둘리게 되는 꼴이 된다. 내가 중심이 설 때 새로운 것에 대한 통찰의 힘이 생기게 된다. 이는 무방비 상태나 무조건적인 수용에서 벗어나 진정한 가치를 새롭게 깨닫게 한다.

온고지신은 소통(疏通)의 길을 열어 놓는 중요한 열쇠가 된다. 온고지신은 세대와 세대의 소통, 문명과 문명의 소통, 학문과 학문의 소통을 가능하게 한다. 세대와 문명, 학문은 단절이 있을 수 없다. 학문에 있어서는 더욱 그러하다. 현대화란 미명 아래 서구 학문의 무차별적 유입과 분별없는 수

용은 동서의 조화로운 소통을 가로 막았다. 뿐만 아니라 우리의 전통 학문과 현대 학문을 편 가르기 식으로 분리시키는 불통의 시대를 초래하기도 했다. 불통이 주는 답답함, 우리 것에 대한 자각이 새로운 통로를 찾아나서는 계기가 되었다. '진부하다', '고지식하다', '현실과 동떨어져 있다'라고 말했던 우리의 고전이 온고(溫故)의 역할을 자임하여 지신(知新)을 받아들이는 통로 구실을 맡고 있다. 우리 것에 대한 재인식이 확장되어 가고 있다. 우리 것을 익히지 않은 지신은 자신에게 어울리지 않는 옷을 입는 것과 같다.

'포은선생숭모사업회'의 이남철 회장과 정동재 총무는 온고의 가치를 소중히 여기시는 분이다. 두 분은 포은선생이 보인 충절과 학문의 진정한 가치를 우리 세대에 전달하여 온고지신의 소통 역할을 자임했다. 그 일환으로 임고서원에서 강의할 교재 제작에 나선 것이다. 필자와 신태수 교수, 남상권 교수에게 포은선생의 위업을 우리 시대의 정신과 부합할 수 있는 교재 제작을 의뢰했다. 교재 제작의 의중이 무엇인지를 파악할 수 있었다. 단순히 포은선생을 기리는 것이 아니라 선생의 정신과 학문 그리고 실천적 삶을 통해 온고의 진정한 의미를 밝히는 데 있다. 온고는 우리 시대의 지신(知新)으로 이어져야 한다. 그렇게 될 때 포은선생은 우리 시대에 살아남게 되는 것이다. 활자나 그림 속의 죽은 인물이 아니라 시대를 고뇌한 지식인의 살아 있는 모습을 보임으로써 시대를 관철하는 가치를 깨칠 수 있고 통찰력을 얻을 수 있다.

필자는 이러한 의도를 고려하여 『포은집』에서 교훈과 깨침을 줄 수 있는 단어를 추출했고, 이 가운데 30개를 가려 사자성어로 만들었다. 30개의 사자성어는 포은선생의 정신과 삶을 대변할 수 있게 9개의 주제로 나누었으며, 각 주제에 따라 사자성어의 출처, 의미, 교훈의 순으로 글을 전개했다. 비록 아둔한 필자이지만 교재를 통해 포은선생의 뜻이 우리 시대에도 전달되어 소통의 출구가 되었으면 한다.

교재가 발간되기까지 여러 사람의 관심과 도움이 있었다. '포은선생숭모사업회'의 이남철 회장과 정동재 총무, 그리고 영천시 관계기관의 지대한 관심과 경제적 지원에 진심으로 감사를 드린다. 책의 출간을 위해 협조를 아끼지 않은 보고사 김흥국 사장께도 감사드린다. 책의 교정에 참여해주신 여산 고전독서연구회 회원 여러분과 팁(tip)을 준 박래은과 김채연에게도 고마운 마음을 전한다.

2013년 3월

목차

절의란 무엇인가

1

節自斯直

마디 **절**　　스스로 **자**　　이 **사**　　곧을 **직**

節 : 마디 (절). 절개 / (竹 – 15획)　　　　斯 : 이 (사) / (斤 – 12획)
自 : 스스로 (자). 몸소 / (自 – 6획)　　　　直 : 곧을 (직). 바른 도 / (目 – 8획)

[출처]

난파사영(蘭坡四詠)　난파의 사군자를 읊음

二(竹)

蘭坡有眞覺(난파유진각)	난파에는 진실로 깨친 자 있어,
種竹北窓隅(종죽북창우)	대나무를 북쪽 창가에 심었네.
愛敬比君子(애경비군자)	사랑하고 공경하기를 군자에 비하고,
吟哦麾俗夫(음아휘속부)	속된 무리 가르치는 것을 찬양하네.
水澆新筍長(수요신순장)	물을 주니 새순이 자라나고,
沙覆短根蘇(사복단근소)	모래를 덮으니 잔뿌리 생기네.
節自如斯直(절자여사직)	마디가 스스로 이처럼 곧으니,
知渠不賴扶(지거불뢰부)	저렇게 의지하지 않고 꿋꿋함을 알겠네.

『포은집』 권2

사자성어의 의미

　'절자사직(節自斯直)'은 〈난파사영(蘭坡四詠)〉의 네 수 중 둘째 수 〈죽(竹)〉에 나오는 용어이다. 사전적 의미는 '마디가 스스로 이처럼 곧다'이다. 여기서 절(節)은 '마디'란 뜻을 지니지만 사군자로서의 대나무를 생각할 때, '절개(節介)'의 의미까지 내포하고 있어 중의성을 지닌다. 그런 까닭에 '절자사직'은 마디가 곧게 뻗은 대나무의 외형적 모습을 보조관념으로 사용하여 곧은 절개를 간직한 선비정신이란 원관념을 드러내고 있다.

　선비들은 사군자[매난국죽(梅蘭菊竹)]를 시적 대상으로 삼거나 회화의 소재로 사용하여 창작하는 경우가 많다. 이는 선비들이 지향하고자 하는 정신세계와 사군자의 품성이 서로 맞닿아 있기 때문이다. 선비들이 유독 사군자를 사랑한 데는 이유가 있다. 사군자는 대개 계절의 변화에 굴하지 않는다는 특징을 보이고 있다. 즉 계절의 변화는 선비에게 있어 시대의 변화를 의미한다고 할 수 있다. 떳떳한 도리가 실현되지 않는 시대에는 두 부류의 선비가 있다. 시류(時流)에 따라 그때그때 자기의 잇속만을 챙기려는 사욕에 빠진 거짓 선비와 정도(正道)를 지키며 불의(不義)에 굴하지 않고 자신의 소임을 다하는 진정한 선비가 있다.

'절자사직'에 있어 '절직(節直)'은 대나무의 곧은 마디를 군자적 속성에 비유한 것이다. 대나무의 마디는 곧게 뻗어있다. 곧게 뻗은 대나무의 마디는 군자의 곧은 성질로 꿋꿋한 절개를 지키려는 표상이 된다. 곧은 대나무지만 그 속은 비어 있다. 외면의 곧음에 비해 속이 비었다는 것은 받아들일 수 있는 마음을 지닌 것으로 볼 수 있다. 비어 있으므로 도(道)를 겸허히 받아들이겠다는 것이다.

대나무의 곧고 단단함이야말로 어떤 역경에도 홀로 버틸 수 있는 굳건함의 상징이다. 결코 이익과 형세(形勢)에 휩쓸리는 소인배가 되지 않겠다는 의미가 된다. 그런 까닭에 절의 있는 선비들은 대나무를 곁에 두고 노래하였다. 대나무가 보여주는 우아한 곡선과 날씬하게 뻗은 모습은 어진 자[현자(賢者)]의 표상인 동시에 예지(叡智)의 모습을 상징하고 있다. 밑으로 고개 숙인 댓잎과 비어있는 속은 겸손에 비유되어 덕(德)을 겸비한 선비로 상징되고 있다. 대나무 마디의 곧음이 지닌 의미는 진정한 선비로서의 포은선생이 지향하는 바와 동일한 것이다.

현대인에게 주는 교훈

가끔 자신의 주위를 둘러볼 필요가 있다. 내 곁에 있는 물건들은 어떤 것들이 있으며, 그것들 중에 내가 유난히 마음을 기울이는 것은 무엇이며, 그렇게 마음을 쏟는 까닭이 어디에 있는지 자문해보라. '그냥'이라고 말하는 사람도 있겠지만 대부분 사람은 각자마다 분명한 이유를 담고 있다. 포은선생은 대나무를 북쪽 창가에 심고는 이를 즐겨 바라보며 그를 위해 시를 짓기도 했다. 포은선생은 대나무를 보면서 무엇을 생각하고 말하고자 했는지 살펴보자.

대나무는 선비들에게 시의 주요 소재로 이용되었다. 시절의 변화에도 깨끗한 몸가짐으로 꿋꿋한 절개를 지키고자 했던 선비들과 대나무의 덕목이 유사한 때문이다. 그런 까닭에 대나무의 덕성을 애호하여 다른 사물들과 아울러서 사군자(四君子), 세한삼우(歲寒三友), 삼청우(三淸友), 청우(淸友), 한우(寒友), 오우(五友) 등으로 불렀다. 포은선생도 대나무가 지닌 대장부의 올곧은 기개를 사랑했다.

포은선생은 〈난파의 사군자를 읊음 – 대나무〉에서 대나무를 군자의 덕에 비겨 이익과 영달에 휩쓸리는 속된 무리에게 가르침을 줄 수 있는 대상으로 기렸다. 포은선생이 대나무에 물을 주고 모래를 덮어 새순과 잔뿌리가 날 수 있도록 정성을 기울인 데는 이유가 있다. 대나무가 자라면서 덕성을 안으로 채우듯이 자신의 내면도 이와 같이 닦아 나가고자 한 것이다. 포은선생은 대나무를 통해 진정한 군자의 면모를 보았기에 대나무를 사랑하지 않을 수 없었다. 대나무의 곧고 단단함이야말로 어떤 역경에서도 그 정신이 훼손될 수 없는 지절(志節)의 상징인 것이다.

중국 당나라 시인인 백거이(白居易)는 〈양죽기(養竹記)〉라는 글에서 군자들이 대나무를 뜰에 심어 채우는 이유 네 가지를 들었다. 첫째 대나무 뿌리의 견고함이다. 견고한 대나무 뿌리처럼 군자의 덕 또한 견고하게 세워져야 한다. 둘째 곧은 대나무의 성질이다. 대나무의 곧음을 통해 군자는 곧게 몸을 세워 중립을 지켜야 한다. 셋째 대나무 속의 비어 있음이다. 군자는 대나무 속의 비어있음을 본받아 겸허히 받아들일 수 마음을 가져야 한다. 넷째 대나무 마디의 곧음이다. 군자는 곧음으로써 뜻을 세워 흔들림 없이 한결같아야 한다.

포은선생 시에 나오는 '절자사직'은 백거이가 말한 대나무의 네 번째 속성에 해당한다. 대나무의 군자적 속성 중에서도 대마디의 곧고 단단함에 초점을 두고 있다. 포은선생이 대마디의 곧고 단단함을 강조한 데는 이유가 있다. 불의에 굴하지 않는 강직한 성품이 대마디의 곧고 단단함과 상통한 때문이기도 하며, 이 시대가 요구하는 필요한 덕목인 때문이기도 하다. 고려왕조가 허물어져 가는 시점에서 신하로서의 원칙과 신념보다는 개인적 영달만을 추구하는 세태를 바로잡을 무엇이 필요하다. 의리와 명분, 원칙과 신념에 흔들리지 않은 신하이자 선비로서의 올곧음이 무엇인지를 '절자사직'을 통해 말하고 싶었던 것이다.

대쪽같은 사람이란 말이 있다. 포은선생의 강직함을 요즘 식으로 표현한 것이라 할 수 있다. 정의를 위해 부러질지언정 휘지 않겠다는 결연한 의지가 죽음을 불사하는 실천으로 이어질 수 있다. 불의와 일체 타협하지 않는 지조와 신하로서의 의리가 그에게 다가온 죽음을 기꺼이 맞이하였다. 포은선생의 의로운 선혈은 선죽교에 혈죽(血竹)으로 피어 천 년이 지난 지금에도 그 의기(義氣)를 드러내고 있다.

청소년들 중에는 자신이 좋아하는 연예인이나 대상이 되는 브로마이드(bromide)를 침상 머리맡이나 눈에 잘 띄는 벽면에 걸어두고 사랑의 눈길을 보내는 이들이 많을 것이다. 자신이 좋아하는 사람을 곁에 두고 싶은 마음 때문에 그렇게 한 것일 수도 있고, 자신이 가고자 하는 길의 롤모델(role model)로 삼고자 한 때문일 수 있다. 누군가를 순수한 마음에서 좋아하고, 무엇인가를 삶의 모델로 설정한다는 것은 삶에 대한 애착으로 볼 수 있어 바람직하다. 그러나 그것이 순간적 기분이나 유행이란 이름으로 따라 할 경우 자신의 정체성은 상실하게 된다.

포은선생이 인간이 아닌 자연물인 대나무를 곁에 둔 것은 대나무가 지닌 지조와 절개의 덕목을 발견하고 자신의 이상적 지향으로 삼고자 한 때문이다. 마찬가지로 내가 진정으로 곁에 두고자 하는 대상을 찾아보라. 찾았다면 무엇 때문인지 다시 곰곰이 생각하라. 개인적 욕망의 잉태물이라면 제거하라. 시대가 요구하는 진정한 가치와 자신의 이상을 담았다면 아끼고 사랑해야 한다.

田 橫 高 義

밭 전　　　　가로 횡　　　　높을 고　　　　옳을 의

田 : 밭 (전) / (田 − 5획)　　　　高 : 높을 (고) / (高 − 10획)
橫 : 가로 (횡) / (木 − 16획)　　　義 : 옳을 (의) / (羊 − 13획)

[출처]

전횡도(田橫島)

五百人爭爲殺身(오백인쟁위살신)　　오백 인 다투어 죽으려 하니,

田橫高義感千春(전횡고의감천추)　　전횡의 높은 의리 천년을 감동하게
　　　　　　　　　　　　　　　　하네.

當時失地夫何責(당시실지부하책)　　당시에 잃은 땅을 대체 무엇 때문에
　　　　　　　　　　　　　　　　책망할까,

大漢寬仁得萬民(대한관인득만민)　　한 나라 너그럽고 어진 정치 만민을
　　　　　　　　　　　　　　　　얻었더라.

『포은집』 권1

사자성어의 의미

'전횡고의(田橫高義)'에서 전횡은 진(秦)나라 말기의 인물로, 진에 반기를 들고 제(齊)나라를 세운 삼 형제(전담, 전영) 중의 한 사람이다. '고의(高義)'는 높은 절의를 뜻한다. 따라서 '전횡고의'는 전횡의 높은 절의를 의미한다. 절의를 논할 때 중국의 백이(伯夷)와 숙제(叔齊)를 대표적으로 들고 있지만, 전횡 또한 그 절의를 높이 숭상하여 많은 시인들의 시문(詩文)에 그를 인용하고 있다. 전횡과 관련된 고사는 다음과 같다.

전횡은 진나라 말기에 형인 전담, 전영과 함께 진에 반기를 들어 제(齊)를 세웠다. 한고조 유방(漢高祖 劉邦)이 항우를 이겨 천하 통일을 하자, 그를 따르는 5백여 명과 함께 지금의 칭다오[청도(靑道)] 전횡도(田橫島)에 들어갔다. 한고조가 사람을 보내 이르기를 '오면 왕후(王侯)로 봉할 것이요, 안 오면 군사들을 보내 칠 것이다'라고 했다. 이에 전횡은 섬에서 나와 한의 서울 낙양(洛陽)에 가던 도중, '내가 한왕(漢王)과 같이 왕이라 칭하다가 이제 그의 신하가 될 수 없다'고 하

고는 자결했다. 전횡의 죽음을 들은 섬의 5백여 명도 그를 위해 순사(殉死)했다. 그 의기를 소중히 여겨 그들을 '전횡오백사(田橫五百士)'라 칭하고, 그 섬을 '오호도(嗚呼島)'라 부르게 되었다.

중국 사행 길에 오른 포은선생이 오호도를 지나면서 천 년도 훨씬 전에 있었던 전횡의 일을 떠올리고 있다. 한의 유방에게 굴하지 않으려했던 전횡의 자결과 그를 위해 순절한 5백 인에 대한 추모의 정이 '전횡고의'라는 말을 통해 드러내고 있다. 역사적 사실은 우리들로 하여금 현재를 반추하는 잣대로 쓰일 경우가 많다. 왕조의 건국과 패망이 잦았던 역사적 사실에 비추어볼 때 전횡과 오백사(五百士)의 자결은 혼돈의 시대를 걷고 있던 포은선생에게도 시사하는 바가 적지 않다.

현대인에게 주는 교훈

인간에게 있어 죽음은 언젠가는 맞이해야 할 피할 수 없는 삶의 일부이다. 삶의 마감이 있기에 우리는 삶에 더 애착을 가지고 어떻게 사는 것이 바람직한 삶인지를 고민하게 된다. 죽음과 관련하여 공자와 그의 제자 자로와의 유명한 문답이 있다. 자로가 스승인 공자에게 "감히 죽음에 대해 여쭙겠습니다."라고 묻자 공자가 "아직 삶에 대해서도 알지 못하거늘 어찌 죽음에 대해 안다고 하겠느냐?[논어, 선진편]"라고 대답했다.

자로의 물음에 대한 공자의 대답은 죽음 같은 것은 알 필요가 없으니 지금의 삶에 충실하라는 뜻에서 말한 충고가 아니다. 죽음은 삶 이후의 순서이다. 따라서 죽음을 알기 위해서는 삶에 대한 무지에서 벗어날 때 가능하다. 그런 까닭에 "아침에 도를 깨치면 저녁에 죽어도 좋다[조문도 석사가의(朝聞道 夕死可矣)]"라고 했다. 이 말에는 공자가 절실하게 추구한 인의(仁義)의 도덕이 실현되는 세계에 대한 염원이 담겨있다. 그렇다면 포은선생이 사행 길에서 읊은 〈전횡도〉의 전횡과 오백 인의 죽음을 어떻게 바라보아야 할 것인가.

포은선생은 〈전횡도〉란 시에서 "오백 인 다투어 죽으려 하니, 전횡의 높은 의리 천 년을 감동케 하네"라고 했다. 이 구절에서 '전횡고절'을 글자대로 해석하는 것이 적절한지 생각해볼 문제다. 문구대로 한다면 '전횡의 높은 의리'를 말하는 것이지만, 과연 포은선생이 전횡의 높은 절개를 기리기 위한 것이지 의문이다. 전횡은 제나라 왕으로서 천하를 통일한 한나라 왕[유방]의 신하가 되기 싫어서 자결한 인물이다. 그렇다면 그가 지켜야 할 절개는 무엇인지 의문스럽다. 전횡의 절개 대상은 제나라가 될 수 있는데, 나라를 패망케 한 임금에게 절개를 적용한다는 게 적절치 않다. 그렇다면 '고의(高義)'의 대상이 누구를 지칭하는지 확연하게 드러난다.

시에서 말하는 오백 인에 대한 절의를 포은선생은 높이 산 것이다. 선비는 의리를 위해서라면 자신의 목숨을 초개[지푸라기]처럼 버릴 수 있어야 한다. 평소 은덕을 입었다면 평생 그 은덕에 보답해야 할 것이며, 경우에 따라서는 자신의 한 몸을 던지는 것이 선비의 고결한 정신이다. 오백사(五百士)의 경우 전횡의 자결 소식은 응당 자신의 한 몸을 던지는 것이 평소의 은덕에 대한 보답이며 절의를 드러내는 방법이다.

포은선생뿐만 아니라 동시대를 살았던 이숭인, 권근, 정도전도 전횡을 소재로 시를 지었다. 이숭인과 권근은 〈오호도(嗚呼島)〉를, 정도전은 〈오호도조전횡(嗚呼島弔田橫)-오호도의 전횡을 조문하다〉을 제목으로 하였다. 시를 통해 전횡에 대한 이들의 생각을 읽을 수 있다. 이숭인은 전횡의 기개와 오백 인의 절의를 칭송하였고, 정도전도 전횡의 일편단심을 기렸다. 권근은 전횡을 두고 목숨을 가벼이 여긴 인물로 그린 반면, 그를 주군으로 모셨던 오백 인의 순절은 의리를 위한 죽음으로 보고 열렬한 지사(志士)로 추앙했다. 전횡을 두고 서로 다른 시각을 보이고 있다.

전횡에 대한 포은선생의 생각은 권근과 통하고 있다. 학정을 일삼던 진나라를 멸하고 천하를 통일한 한고조[유방]이기에 전횡의 자결은 '고의(高義)'라고 칭하기에 적절치 않다. 오히려 전횡의 문객들이 보여준 자결은 평소의 은덕에 대한 절의를 대신한 것으로 고결한 선비 정신의 표현이다. 진정한 '고의(高義)'의 대상은 전횡이 아니라 오백사(五百士)이다. 이는 포은선생의 절의정신이 어디에 있는지 알 수 있는 대목이다. 기울어가는 고려를 지탱하기 위한 충절과 주군을 위한 신하로서의 의리를 다하기 위해 포은선생이 보여준 것은 자신의 한 몸을 던지는 것이다. 목숨에 연연하지 않고 의(義)가 무엇인지를 온 몸으로 보여준 포은선생의 절의야말로 시대를 초월한 가르침이 된다.

一 片 丹 心

하나 **일**　　　조각 **편**　　　붉을 **단**　　　마음 **심**

一 : 하나 (일) / (一 − 1획)　　　　丹 : 붉을 (단) / (丶 − 4획)
片 : 조각 (편) / (片 − 4획)　　　　心 : 마음 (심) / (心 − 4획)

[출처]

丹心歌(단심가)

此身死了死了 (차신사료사료)	이 몸이 죽고 죽어,
一百番更死了 (일백번갱사료)	일백 번 고쳐 죽어.
白骨爲塵土　　(백골위진토)	백골이 진토되어,
魂魄有也無　　(혼백유야무)	넋이라도 있고 없고.
向主一片丹心 (향주일편단심)	임 향한 일편단심이야,
寧有改理與之 (영유개리여지)	가실 줄이 있으랴.

『포은집』 속록 권1

사자성어의 의미

'일편단심(一片丹心)'은 한 조각의 붉은 마음이란 뜻으로, ①한결같은 참된 정성(精誠), 변(變)치 않는 참된 마음 ②오로지 한 곳으로 향한 한 조각의 붉은 마음 ③진정(眞情)에서 우러나오는 충성(忠誠)된 마음을 이르는 말이다.

일편단심의 주체가 신하라면 그 대상은 그가 섬겼던 임금이든지 국가가 된다. 즉 신하의 입장에서는 임금에게 의리를 지켜 섬기기를 다하고 나라에 충성하여 헌신하는 것이 신하된 본분이다. 특히 임금에 대한 충성을 다하는 신하를 비유하는 말로 '충신불사이군(忠臣不事二君)'이 있다. 충성스런 신하는 두 임금을 섬기지 않는다는 말로 일편단심과 상통하는 의미이다.

일편단심이나 불사이군의 경우 두 임금을 섬기지 않는다는 것을 말할 때 무조건 두 임금을 섬기지 않는다는 의미는 아니다. 여기서 말하는 두 번째 임금은 본래 임금을 부당하게 해치고 새로이 왕위에 오른 자를 섬기지 않겠다는 뜻이다. 전 임금이 죽어 자연히 왕위를 계승한 태자나 세자를 섬기지 않겠다는 것이 아니다. 포은선생의 일편단심이나 불사이군은 고려 왕조에 대한 일편단심이며 새로운 왕조에 대한 불사이군을 말하는 것이 된다.

고려의 우왕과 창왕을 폐위하고 공양왕을 내세운 이성계는 여러 가지 개혁을 꾀하며 역성혁명(易姓革命)의 수순을 밟고 있었다. 이에 대해 포은선생은 새 왕조를 세우는 절차에 반기를 들어 온건파 사대부를 중심으로 고려 왕조를 유지하면서 개혁할 것을 주장하였다. 이러한 노력에도 불구하고 역사의 물줄기는 새 왕조의 개국으로 나가고 있었다. 거대한 역사의 물줄기를 바꾸기가 어렵다는 사실을 인지하면서도 포은선생은 고려 왕조를 위해 마지막까지 절개를 지켰다. 고려에 대한 변함없는 충성을 죽음으로 지키겠다는 결연한 의지와 두 왕조를 섬기지 않겠다는 일관된 신념을 이방원의 〈하여가〉에 대한 화답인 〈단심가〉를 통해 보여주고 있다.

현대인에게 주는 교훈

포은선생의 〈단심가〉는 신하로서의 절의와 불변의 지조를 읊고 있어 선생의 상징처럼 전해지고 있다. 절의에 대한 개념부터 살펴본다. 절의는 절개와 의리를 말하는 것으로, 관계에 따라 지켜야 할 덕목은 달라진다. 즉 부부간의 관계에서는 정절(貞節)로, 벗과의 관계에서는 신(信)으로, 국가와의 관계에서는 충(忠)으로, 임금과 신하의 관계에서는 의(義)로 연결된다.

〈단심가〉를 통해 포은선생은 신하로서 국가에 대한 충성과 임금에 대한 불변의 의리정신을 몸소 실천으로 옮겼다. 포은선생의 절의 정신은 유가의 정명론(正名論)과 맞닿아 있다. 정명론은 명칭, 명분이 실제에 맞도록 바로 잡으려는 주장이다. 즉 인륜상(人倫上)의 이름인 명분을 바로 세우려는 것이다. 그런 까닭에 공자는 "임금은 임금다워야 하고, 신하는 신하다워야 하며, 아비는 아비다워야 하고, 자식은 자식다워야 한다[君君臣臣父父子子]"고 했다. 이러한 가치 명제가 각자의 위치에서 온전하게 실행될 때 안정된 세상을 구가할 수 있게 된다.

포은선생의 〈단심가〉는 시대의 혼탁에도 불구하고 불변하는 대의명분을 위해서는 죽음을 불사하고라도 지키겠다는 강렬한 의지의 표현이다. 이러한 의지는 태조인 이성계도 익히 알고 있었던 것이다. 심광세(沈光世)의 『해동악부(海東樂府)』에 실린 한 구절을 음미해 볼 필요가 있다.

이방원이 이성계에게 아뢰기를 "정몽주가 어찌 우리 집안을 저버리겠습니까?"라고 하니, 이성계가 말하길, "우리가 무고한 모함을 받게 되면 몽주는 죽음으로써 우리를 변명해 주겠지만, 만약 나라에 관계되는 일이라면 알 수 없다."고 했다. 이성계의 말을 통해 자신의 몸을 잊고 나라에 충성을 다하여 고려의 사직(社稷)을 붙들고자 했던 포은선생의 절의를 읽을 수 있는 대목이다. 이를 계기로 이방원은 포은선생의 정확한 의중과 회유를 목적으로 잔치를 베풀었다. 이방원은 포은선생에게 술을 권하면서 〈하여가(何如歌)〉를 불렀다.

한역(漢譯) 〈**하여가**〉

此亦何如(차역하여)	이런들 어떠하리
彼亦何如(피역하여)	저런들 어떠하리
城隍堂後垣(성황당후원)	성황당 뒷담이
頹落亦何如(퇴락역하여)	다 무너진들 어떠하리
我輩若此爲(아배약차위)	우리도 이같이 하여
不死亦何如(불사역하여)	아니 죽으면 또 어떠리

시조 〈**하여가**〉

이런들 어떠하리 저런들 어떠하리

만수산 드렁칡이 얽혀진들 어떠하리

우리도 이같이 얽혀서 백년까지 누리리라

　이방원은 포은선생에게 세상이 이렇게 바뀌면 어떻고 저렇게 바뀌면 어떤가 하고 의중을 묻는 것으로 시작하고 있다. 시조에는 3,4구가 중장으로 "만수산 드렁칡이 얽혀진들 어떠하리"로 되어 있다. 한역(漢譯)하는 과정에서 바뀐 것으로 보이는데, 시조의 내용이 한역보다 이방원의 의도가 더 분명하게 드러난다. 즉 우리 서로 같은 편이 되어 손을 잡는 것이 어떤가 하고 묻고 있다. 한시 3,4구의 "성황당 뒷담이 다 무너진들 어떠하리"가 지닌 의미는 고려의 멸망을 말하고 있다. 고려가 망해도 개의치 말고 오래도록 부귀를 누리자고 회유를 하고 있다. 이방원은 고려의 멸망을 기정사실로 하고, 지조를 꺾고 새로운 왕조에 동참할 것을 포은선생에게 강요한 것이다.

　이에 대해 포은선생은 〈단심가〉로 화답하여 불변의 마음을 열거하고 있다. 백 년까지 누리자고 한 말을 받아서 일백 번의 죽임을 당하고, 뼈가 썩어 진흙이 되고 그 영혼마저 없어지는 한이 있더라고 고려를 향한 절개와 지조, 충성은 절대 변하지 않겠다는 굳은 결의를 보이고 있다. 이방원의 회유가 최후의 통첩임을 알면서도 변함없는 일편단심을 밝혀 신하로서의 도리를 다한 포은선생을 통해 진정한 절의가 무엇인지를 다시금 생각케 한다.

　다음 시조는 포은선생의 어머니께서 지은 것으로 자식을 위한 간곡한 훈계를 담고 있다. 어릴 적 어머니의 가르침이 만고강상의 절의를 대표할 포은선생을 길러 내신 것이다.

　　가마귀 싸우는 골에 백로야 가지마라,
　　성낸 가마귀 흰 빛을 새오나니,
　　청강에 고이 씻은 몸을 더럽힐가 하노라"

馮婦下車

弦歌政化

원하는 것은 무엇이든
가질 수가 있고,
뜻하는 것은 무엇이든
될 수가 있어.
아아~ 우리
대한민국.

국밥, 오뎅 많이 묵고
열심히 일해서
잘 살아보세.

오~ 노래로
정치하신
분들!

백성
답하
안 들

타는 목마름으로
타는 목마름으로
민주주의여 만세에

정치를
말하다

2

馮婦下車

성 풍	며느리 부	아래 하	수레 거

馮 : 성 (풍), 타다 (빙) / (馬 - 12획)　　　下 : 아래 (하) / (一 - 3획)
婦 : 며느리 (부), 아내 / (女 - 11획)　　　車 : 수레 (거/차) / (車 - 7획)

[출처]

安市城懷古(안시성회고)

안시성에서 회고하다

黃金殿上坐垂衣(황금전상좌수의)　　황금 궁전 위에 의상을 드리웠으나,

百戰雄心不自持(백전웅심부자지)　　숱한 전투에서 영웅의 마음 스스로
　　　　　　　　　　　　　　　　지니지 못했네.

想見太宗親駕日(상견태종친가일)　　태종이 몸소 수레 타고 온 날을 생각하니,

宛如馮婦下車時(완여풍부하거시)　　완연히 풍부가 수레를 내린 때와 같네.

『포은집』 권1

사자성어의 의미

　'풍부하거(馮婦下車)'에서 '풍부'는 중국 진나라 사람의 이름이며, '하거'는 수레에서 내린다는 뜻이다. 풍부와 관련된 이야기는 『맹자』〈진심장(盡心章)〉하(下)에 나온다. 진나라 사람 풍부는 맨손으로도 범을 잡을 수 있는 장사였다. 그러나 이후에 마음을 고쳐먹어 광포(狂暴)한 짓을 하지 않는 선량한 선비가 되었다. 그러던 어느 날 풍부가 수레를 타고 들에 나갔는데, 여러 사람이 범을 쫓는데 산굽이에 이르러 사납게 버티고 있어 잡지를 못하고 있었다. 사람들이 풍부를 보자 그를 맞이하며 호랑이를 잡아달라고 요청했다. 이에 풍부는 팔을 걷어붙이고 범을 잡으러 나섰다. 이를 본 사람들은 모두 기뻐하였지만 뜻있는 선비는 그를 비웃었다. 풍부가 그만두었던 광포한 짓을 여러 사람이 원한다고 해서 생각 없이 다시 하려고 들었기 때문이다.

　포은선생은 이 시에서 풍부를 인용하여 안시성을 공격한 당나라 태종을 비웃고 있다. 풍부가 선량한 선비가 되기 위해 광포한 짓을 그만두었는데, 범을 보자 앞뒤 가리지 않고 지난날의 광포한 행동이 돌출한 것이다. 당나라 태종도 풍부와 다를 바가 없다고 보았다. 당 태종이 남긴 말에 "난을 평정하는 데는 무(武)를, 세상을 다스리는 데는 문(文)을 써야 한다."고 했다. 그렇다면 아버지 고조(이연)를 도와 당(唐)을 건국한 태종은 문(文)으로써 국내 통치에 힘을 기울여야 했다. 그런데 힘쓰기를 자랑했던 광포한 풍부처럼 친히 대군을 이끌고 고구려 원정길에 나섰던 것이다. 이를 비꼬아 포은선생은 태종이 몸소 수레를 타고 온 날이 마치 풍부가 범을 보고 수레에서 내린 것과 같은 꼴이라고 했다. 결국 두 번의 고구려 침략을 꾀했지만 고구려의 굳센 저항으로 모두 실패로 돌아갔다. 이 원정으로 인해 당나라는 각지에서 폭동이 일어났으며, 그가 죽은 뒤에는 혼란한 정국으로 빠져들게 되었다. 포은선생은 안시성을 지나면서 '풍부하거'를 들어 과거 당태종의 사려 깊지 못한 어리석은 침략을 비웃고 있다.

현대인에게 주는 교훈

〈안시성회고〉라는 시는 제목 그대로, 포은선생이 사행 도중 안시성을 지나면서 옛일을 회상하며 지었다. 당 태종이 고구려를 침공하였다가 안시성에서 양만춘 성주에게 대패하고 돌아간 일을 회상하며 그의 어리석음을 질타하고 있다. 시의 내용을 살펴본다.

포은선생은 시의 첫 구절에서 당 태종을 우호적 시선으로 보고 있다. '수의상(垂衣裳)'라는 시어를 풀어서 말하면, 천하에 예(禮)를 보이는 것으로 백성을 덕으로 다스리는 데 비유된다. 그렇다면 포은선생은 당 태종의 통치에 대해 긍정적 평가를 내린 셈이다. 그러나 아버지를 도와 정복을 통한 건국이기에 계속된 침략 전쟁은 그의 마음을 영웅으로 만들지 못했다고 지적하고 있다. 고구려의 안시성 침략이 그 결과이다.

자신의 기운을 믿고 만용을 부렸던 풍부가 마음을 고쳐서 선량한 선비가 되었지만 호랑이를 보자 이전의 광포한 자신으로 돌아온 것처럼 당 태종도 풍부와 다를 바가 없다. 당 태종이 난세를 평정하기 위해 무력을 사용했다면 거기에서 그쳐야만 했다. 포은선생의 말처럼 당나라 궁전에 남아 있었다면 태평성대를 구가했을 것인데 쓸데없는 만용이 고구려 침략으로 나간 것이다. 마치 풍부가 호랑이를 보고 수레에서 내렸듯이 원정을 빌미로 안시성 전투에 참전한 것은 같은 꼴이 되는 셈이다. 결국 사려 없는 행동으로 인해 선량한 선비가 되지 못한 풍부를 들어 어진 군주로 나가지 못한 태종을 비웃고 있다.

　포은선생은 '풍부하거'를 들어 왕도정치(王道政治)에 대한 견해를 밝히고 있다. 왕도정치는 무력이나 강압과 같은 물리적 강제력으로 다스리는 패도정치(覇道政治)와 대비된다. 왕도정치는 맹자가 이상적으로 추구한 정치형태로 덕(德)에 의한 정치이므로 덕치(德治)라고 한다. 또한 가장 대표적인 덕이 백성을 피붙이처럼 사랑하는 인(仁)이라는 점에서 인정(仁政)이라고도 부른다. 포은선생은 풍부를 인용하여 당 태종의 패도정치를 비판하고 있다. 영토를 확장하기 위해 백성들의 목숨을 전쟁터로 내모는 태종의 원정은 개인적 이욕이 앞서는 것이지 결코 백성을 보호하고 인간답게 살게 해주려는 인정(仁政)이 될 수 없다.

　안시성에서 벌어진 당나라와 고구려의 전투를 회상하며, 진정 백성을 위한 왕도정치가 무엇인지를 생각케 한다. 포은선생이 풍부를 빗대어 패도정치에 빠진 당 태종을 비판한 것은 우연일까? 몰락해 버린 고구려의 옛 땅 안시성을 바라보는 포은선생은 또 다른 고려를 보고 있는 것인지도 모른다. 폐망을 향해 나가는 고려를 구원하는 길은 성군(聖君)의 도래에 따른 왕도정치가 구현될 때 가능한 것으로 보았다. 이미 돌이킬 수 없는 형세이지만 고려의 신하로서 마지막 바람을 담고 있는 것인지도 모른다. 아래 인용문은 『맹자』〈공손추 상〉에 나오는 구절로 왕도정치가 무엇인지를 밝히고 있다. 음미해 볼 만한 내용이라 인용한다.

　　맹자가 말했다. "무력을 사용하면서 인(仁)을 실천하는 것처럼 가장하는 사람은 패자(覇者)인데, 패자는 반드시 큰 나라가 있어야 한다. 덕으로써 인을 실행하는 자는 왕자(王者)이다. 왕자는 큰 나라를 필요로 하지 않는다. 탕(湯)왕은 사방 칠십 리의 땅으로 인을 실천했고 문(文)왕은 사방 백 리의 땅으로 인을 실천했다. 무력으로 사람을 복종시킨다면 사람들은 진심으로 복종하는 것이 아니라 다만 자기 힘이 부족하기 때문에 복종하는 것일 뿐이다. 덕으로 사람을 복종시킨다면 진심으로 기뻐하며 진정으로 복종한다.

不 諱 之 朝

아닐 **불**　　꺼릴 **휘**　　갈 **지**　　아침 **조**

不 : 아닐 (불) / (一 - 4획)　　之 : 갈 (지) / (丿 - 4획)
諱 : 꺼릴 (휘). 숨기다 / (言 - 16획)　　朝 : 아침 (조). 조정, 왕조 / (月 - 12획)

[출처]

請赦金貂毀佛罪疏(청사김초훼불죄소)
김초가 부처를 부순 죄를 용서하기를 청하는 소

代言等畏王怒不敢啓, 夢周與同列上疏曰, 信者人君之大寶也, 國保於民, 民保於信.(대언등외왕노불감계, 몽주여동렬상소왈, 신자인군지대보야, 국보어민, 민보어신)　近日殿下 下敎求言曰, '言之者無罪.' 於是, 人皆抗, 極論政事之得失, 民生之休戚,(근일전하 하교구언왈, 언지자무죄. 어시, 인개항, 극론정사지득실, 민생지휴척)　眞所謂不諱之朝也.(진소위불휘지조야)

대언(代言) 등이 왕의 노여움을 겁내 감히 간언하지 못하자 정몽주가 동료들과 함께 상소했다. "신뢰야말로 임금이 지녀야 할 큰 보배이니 나라는 백성에 의해 보존되고 백성은 신뢰에 의해 보존됩니다. 최근 전하께서 간언을 구한다고 하시면서 '간언하는 자에게는 어떤 죄도 묻지 않겠다'고 했습니다. 이에 따라 사람들이 모두 상소하여 정치의 잘잘못과 민생의 애환을 다 털어놓았으니 정말 말 그대로 숨김이 없는 조정이라고 하겠습니다."

『포은집』 속록 권1

사자성어의 의미

'불휘지조(不諱之朝)'는 불휘하는 조정, 숨김이 없는 조정이란 뜻이다. 즉 임금이 언로(言路)를 열어 사람들의 상소를 귀담아들어 국정(國政)을 운영한다는 의미가 된다. 이 성어가 나온 배경은 성균박사 김초(金貂)의 상소가 문제가 된 데서 발단한다. 김초는 임금에게 불교를 강력하게 비방하는 글을 올렸다. 당시 고려는 불교가 국교(國敎)였다. 유자였던 김초의 입장에서 불교를 배척하는 간언은 당연하다고 할 수 있다. 그러나 당시 임금인 공양왕은 이를 못마땅하게 여겨 불교를 비방하는 상소에 어투가 공손하지 못해 자신의 권위를 침해한다는 이유를 들어 김초를 사형에 처하려고 했다.

이에 정탁(鄭擢)이 융통성 없이 직언한 김초의 죄를 용서해주기를 바라는 상소를 올렸다. 왕의 노여움이 그치지 않자 감히 주위의 다른 신하들은 간언하지 못하는 상황이었다. 이런 상황에서 포은선생은 동료들과 함께 '불휘지조'를 들

어 상소를 올렸고 마침내 김초의 죄를 면할 수 있게 하였다.

　포은선생이 올린 상소의 시작에 '신자인군지대보(信者人君之大寶)'라는 말로 서두를 열었다. 믿음이야말로 임금이 지녀야 할 가장 큰 보배라는 뜻이다. 글자 '신(信)'을 보자. 신(信)은 사람 인(人)과 말씀 언(言)으로 이루어졌다. 신(信)은 사람의 말이 된다. 따라서 사람의 말에는 신뢰, 믿음이 기본이 된다. 달리 보면, 믿음이 없다면 사람의 말이 될 수 없다는 것으로 신뢰를 지키지 않으면 사람이 아니라는 뜻이 될 수 있다.

　포은선생은 전일에 공양왕이 한 말을 듣고 나왔다. "전하께서 간언을 구한다고 하시면서 간언하는 자에게는 어떤 죄도 묻지 않겠다고 약속했습니다."라고 전제를 하고 있다. 이 말에는 임금에 대한 신뢰를 촉구하는 의도가 담겨있다. 김초가 비록 이단을 배척하기 위해 불경스런 말을 했을지라도 임금께 간언한 것이므로 그 죄를 물을 수 없는 이유가 된다. 임금이 신하들에게 약조한 사실을 들어 군신간의 신뢰를 저버려서는 안 된다고 직언하고 있다. 포은선생은 신뢰가 바탕이 될 때 언로는 열리게 되어 숨김이 없는 조정이 될 수 있음을 역설하고 있다.

현대인에게 주는 교훈

　동양은 서구에 비해 말하는 기술에 대해 적극적이지 못하다. 서구는 다른 사람을 설득하고 그에게 영향을 끼치기 위한 언어기법인 수사학(修辭學)이 고대 그리스 시대부터 발달했다. 그런 반면 동양은 말을 많이 하기 보다는 삼가는 것을 하나의 덕목으로 삼았다. '삼사일언(三思一言)'이나 '구설자 화환지문 멸신지부(口舌者 禍患之門 滅身之斧)'라는 말에서 알 수 있듯이 신중한 말하기를 강조하고 있다.

'삼사일언'은 한 번 말하기 위해 세 번을 생각하라는 뜻이고, '구설자 화환지문 멸신지부'는 말은 재앙과 근심을 이끌어오는 대문과 같고 내 몸을 멸하게 하는 도끼와 같은 역할을 한다는 의미다. 즉 말은 한 번 내뱉으면 주워담을 수 없는 까닭에 말하기에 앞서 신중히 생각할 것을 요구하고 있다. 자칫 잘 못 내뱉은 말이 뜻밖의 큰 화를 초래할 수 있으므로 항상 신중히 생각하고 말을 하라는 가르침이다.

말과 관련해 공자는 다음과 같은 명언을 남겼다. "고자언지불출, 치궁지불체야(古者言之不出, 恥躬之不逮也)" "군자욕눌어언이민어행(君子欲訥於言而敏於行)"은 『논어』〈이인편(理仁篇)〉에 나오는 말이다. 풀이하면 "옛사람이 말을 함부로 하지 않은 것은 말만 하고 행하지 못하는 것을 수치스러워했기 때문이다."와 "군자는 말이 신중하고 느리나 행동은 민첩하다"이다. 즉 말이 행동보다 앞서 행동이 말을 따라가지 못하는 데 대한 경계의 잣대이다. 지금처럼 빈소리가 난무하는 시대와 달리 옛사람[군자]들은 한 번 뱉은 말에 대해서는 기필코 책임을 지겠다는 언행일치(言行一致)의 자세를 지녔다.

그래서 옛날부터 선현들은 말을 조심하라고 가르쳤다. 심지어는 아예 말 자체를 아끼라고 일러주는 경우도 있다. 그럼 말을 아끼는 것만이 능사인가를 생각해 봐야 한다. 나라의 경영에 참여하는 사람의 경우도 이와 같이 적용해야 하는가이다. 나라 경영에 참여하는 공무원들은 자신의 신념에 따라 해야 할 말은 반드시 해야 한다. 부적절한 말 한마디로 인해 비생산적인 소모전을 불러일으키는 말을 삼가야 하는 것이지 해야 할 말조차 삼갈 경우 통치자의 귀와 눈을 가리는 결과를 초래할 수 있다.

18세기 조선의 중흥기를 이끈 영조(英祖)임금의 "말하지 말아야 할 때에 말하는 것은 그 죄가 작지만, 말해야 할 때에 말하지 않는 것은 그 죄가 크다.(未可以言而言者 其罪小 可以言而不言者 其罪大)"라는 말은 그런 점에서 시사하는 바가 크다. 말하지 않아도 될 불필요한 말은 개인적 차원의 문제가 되므로 개인의 죄로 돌아갈 수 있다. 그러나 신하로서 국정을 담당할 경우 공적 차원에서 반드시 해야 할 말인데도 개인의 안위 때문에 말하지 않는 것은 신하의 소임을 저버리는 행위일 뿐만 아니라 나라에 큰 폐해를 끼칠 수 있는 배신행위가 된다. 그런 까닭에 영조는 신하들에게 비록 자신의 귀에 거슬리는 말일지라도 반드시 해주기를 바랐던 것이다.

포은선생이 섬겼던 공양왕은 조선의 영조임금과는 다른 모습을 보이고 있다. 두 임금 모두 신하가 자신에게 간언하기를 바라고 있다. 그러나 간언에 대한 결과는 다르게 나타나고 있다. 고려 말에 나타난 불교의 갖가지 폐단을 들어 그 문제점을 비난한 글을 올린 김초에 대해 공양왕은 사형을 명하였다. 간언에 대해 죄를 묻지 않겠다는 공양왕의 말과는 상반된 행동이다. 이는 심각한 문제가 발생하게 된다. 언로를 막아 임금과 신하의 소통이 단절되는 결과를 초래하는 것이다. 시대의 문제점을 진단하여 올린 글에 임금의 비위를 상하게 했다는 이유로 사형을 구형한다면 목숨을 담보하지 않는 이상 더 이상의 진언(進言)은 있을 수 없게 된다.

포은선생은 공양왕의 노여움을 두려워해 말해야 할 때 말하지 않는 신하와 달리 '불휘지조'를 들어 올바른 언로를 역설하였다. 신뢰는 임금 한 개인에게 국한된 것이 아니다. 신뢰는 작게는 신하와의 약속이지만 크게는 백성과의 약속이 된다. 백성과의 신뢰가 무너질 경우 나라의 존폐와 직결될 수 있다. '불휘지조' 즉, 숨김없는 조정은 언로를 열어 서로 소통할 수 있게 만드는 것이다. 임금께 상소를 올려 정치의 잘잘못을 밝히고 백성의 기쁨과 걱정을 지극하게 말할 수 있을 때 백성의 뜻이 숨김없이 위로 전달되는 불휘지조가 된다. 불휘지조는 민본사상과 연결되어 있다. 나라의 근본인 백성이 견고해야 나라가 평안해 질 수 있다. 백성이 견고해지기 위해서는 그들의 뜻이 숨김없이 위로 전달되는 불휘지조일 때 가능하다. 그런 점에서 포은선생은 불휘지조를 통해 신뢰를 바탕으로 한 민본정치의 구현을 이상으로 하고 있다.

弦 歌 政 化

활시위 **현**　　노래 **가**　　정사 **정**　　될 **화**

弦 : 활시위 (현). 악기줄 / (弓 – 8획)　　政 : 정사 (정) / (攵 – 9획)
歌 : 노래 (가) / (欠 – 14획)　　化 : 될 (화) / (匕 – 4획)

[출처]

次榮州板上韻(차영주판상운)

영주 판상의 시에 차운하며

焉用牛刀宰武城(언용우도재무성)	어찌 소 잡는 칼로 무성을 다스리랴,
弦歌政化揔聞名(현가정화총문명)	현가와 정치 교화에서 모두 이름났네.
忽懷當日三君子(홀회당일삼군자)	문득 그때의 세 군자 생각하니,
過此踟躕不堪行(과차지주불감행)	이곳을 지나다가 머뭇거려 가지 못하네.

『포은집』 권2

사자성어의 의미

'현가정화(弦歌政化)'에서 '현가'의 사전적 의미는 거문고 같은 현악기에 맞추어 부르는 노래라는 뜻이고, '정화'는 정치로써 국민을 교화시키는 것을 이르는 말이다. 따라서 '현가정화'는 다스리는 데 있어, 음악을 통해 백성들의 마음을 순화시키는 기능과 인의정치를 통해 백성들을 덕으로 다스려 교화한다는 것이 된다.

백성을 다스리는 데 있어 음악의 기능은 옛날부터 중요한 역할을 담당하였다. 『논어』〈술이(述而)〉 13장을 보면, "자재제문소 삼월부지육미 왈부도위락지 지어사야(子在齊聞韶 三月不知肉味 曰不圖爲樂之至於斯也)"라는 말이 있다. 풀이하면 "공자가 제나라에 있으면서 '소(韶)'라는 음악을 정성껏 들으시니, '소'를 듣는 석 달 동안 고기 맛마저 잊었다. 말씀하시길, '낙(樂)'이 이루어짐이 이렇듯 지극함을 알지 못했다'고 하셨다."라는 말이다.

공자가 고기 맛을 잊을 정도로 음악에 심취한 것은 음악이 주는 지극한 정성과 깊은 감동에 있다. 순(舜)임금이 지은 '소'는 지극히 아름답고 선하여 음악으로 더할 나위 없다. 음악이 주는 마음의 정화는 공자의 사무사(思無邪 - 생각함에 삿됨이 없다)로 이어진다. 공자가 이전에 불렸던 옛 시 305편을 뽑아 『시경』을 편찬하고 이를 현가(弦歌)하게 한 이유도 여기에 있는 것이다. 지극히 아름다운 소리와 내용을 담아 부르게 함으로써 성정의 순화를 이루게 하였다.

음악은 단순한 노래로 끝나는 것이 아니다. 바로 덕치와 연결되어 있기 때문이다. 인의를 통한 교화인 덕치는 음악에도 그대로 적용된다. 음악을 통한 마음의 교화는 사람 사이의 관계를 선하게 동화시키고 서로의 마음을 조화롭게 한다. 즉 사람의 삿된 마음을 씻어내고 바른 본성을 온전하게 하며 나쁜 풍속을 변화시키는 것은 음악이 지닌 교화이다. 덕치란 음악을 떠날 수 없다. 음악은 나를 곧게 하고 감동시킨다. 또한 음악은 덕을 넓혀 천지가 나의 감동과 하나 되게 한다. 현가가 불려야 하는 이유가 여기에 있다.

현대인에게 주는 교훈

시 〈차영주판상운〉은 포은선생이 영주(榮州)를 지날 때 지은 것으로, 현판에 걸린 세 사람의 시에 차운(次韻 - 남의 시운을 써서 시를 지음)한 것이다. 포은선생이 영주 판상에 적혀있는 세 사람(정습인, 최원수, 하륜)을 차운시로 남긴 것은 영주에 목민관으로서 선정을 펼친 덕을 기리기 위해서이다. 선생은 시를 통해 그들이 펼친 아름다운 정치를 현가(弦歌)와 정화(政化)를 통해 이루었다고 칭송하고 있다.

시의 첫 구에서 선생은 이들 세 사람을 '우도(牛刀)'에 비유하여 그들의 큰 도량을 칭송하면서 인재가 적재적소에 배치되지 못함을 안타까워하고 있다. 무성

(武城)과 같은 작은 성을 다스리는 데는 닭을 가르는데 쓰는 정도의 칼이면 충분하다. 국가를 경영할 수 있을 정도의 능력을 지닌 사람들을 무성에 배치했으니, 조그만 일을 처리하는 데 지나치게 큰 수단을 쓴 우도할계(牛刀割鷄 – 소 잡는 칼로 닭것을 잡는다) 격이 되는 것이다.

인사(人事)가 만사(萬事)라는 말이 있다. '인사'는 사람을 채용하고 배치한다는 뜻이고, '만사'는 모든 일이란 의미이다. 즉 좋은 인재를 잘 뽑아서 적재적소에 배치하면 모든 일이 절로 풀리고 순리대로 돌아간다는 뜻이다. 쓸만한 인재가 없다는 소리를 많이 한다. 정녕 인재가 없어서 일까? 인재가 없는 것이 아니라 인재를 제대로 알아보는 안목이 없다고 하는 편이 옳을 것이다. 계도(鷄刀)가 불필요하다는 말이 아니다. 계도(鷄刀)와 우도(牛刀)는 모두 필요하다. 큰 인재와 작은 인재를 가려서 쓸 줄 아는 것이 중요하다.

2구는 목민관으로서의 세 사람의 치적을 칭송하고 있다. '현가(弦歌)'와 '정화(政化)'의 큰 정치로 백성들을 편안하게 다스렸다. 포은선생의 문집에서 정치와 관련하여 음악을 들어서 말한 것은 이 시가 유일한 것으로 보인다. '정화'부터 살펴본다. '정화'를 유가적 측면에서 포괄적으로 말하면 덕치(德治)라 할 수 있다. 덕치는 위정자(爲政者)의 도덕적 완성에 따른 다스림이다. 도덕적 정당성을 갖춘 위정자가 피지배자에게 감화력을 발휘하여 자발적으로 바른 삶을 살아갈 수 있게 하는 것이다. 이는 유가정치의 가장 기본적 특성이다. 포은선생은 여기에 '현가'를 더해 세 사람의 정치에 대해 칭송하고 있다.

'현가'는 정치에 있어 음악의 중요성을 강조한 것이다. 음(音)이 사람의 순수정감이나 본심을 강조한 것이라면, 악(樂)은 인심을 감화하는 효용성을 지닌 것이다. 공자가 『시경』을 편찬한 이유가 여기에 있다. 『사기(史記)』'공자세가(孔子世家)'에 의하면 "옛날에 시 삼천여 편이 있었는데, 공자(孔子)에 이르러 그 중 중복되는 것은 빼고 예의에 시행할 수 있는 것만을 골라서 305편을 뽑았는데 공자는 그것들을 모두 현가(弦歌)하였다"라고 되어 있다.

음악은 백성을 교화하기에 좋은 바탕이 된다. 공자가 『시경』을 편찬하는데

'사무사(思無邪)'를 그 정신으로 하고 있다. 공자가 '소(韶)'라는 음악을 듣고 그 소리의 아름다움과 그 내용의 지극함에 '사무사'를 이끌어 낸 것이다. 음악이 지닌 교화를 이들 세 사람은 백성을 다스리는 데 적용하였다. 인간 본연의 순선(純善)을 음악을 통해서 되돌려 놓음으로써 백성들을 순화한 것이다. 여기에 덕치를 더했으니 우도(牛刀)의 크기로 백성들을 교화한 셈이 된다.

3~4구는 음악을 통한 순화와 덕치를 통한 교화를 이룬 세 군자의 다스림에 대한 회상이다. 포은선생은 시대의 혼돈기를 맞아 이 시대가 진정으로 필요로 하는 정치가 무엇인지를 생각했을 것이다. 백성의 마음을 얻지 않고는 올바른 정치가 될 수 없다. 마음을 얻기 위해서는 그들의 마음을 움직일 수 있는 교화가 필요하다. 수직적 교화가 아니라 수평적 교화가 필요한 것이다. 바로 음악이 필요한 교화의 수단이 될 수 있다. 음악으로써 도(道)를 즐기게 하고, 음악으로써 어짊[仁]을 서로 권하고 북돋아 주어야 한다. 포은선생은 '현가'를 제시하여 음악을 통한 인정(仁政)의 필요성을 말하고 있다. 음악의 중요성을 『예기(禮記)』〈악기편(樂記篇)〉을 들어 맺는다.

"夫歌者 直己而陳德也 動己而天地應焉 四時和焉 星辰理焉 萬物育焉(부가자 직기이진덕야 동기이천지응언 사시화언 성신리언 만물육언) 대저 노래하는 것은 나를 바르게 해서 덕을 기르는 것이다. 나를 움직여서 천지가 이에 응하여 사시가 조화를 이루며 성신이 다스려지고 만물이 화육하는 것이다"

至 公 至 明

이를 지　　공평할 공　　이를 지　　밝을 명

至 : 이를 (지). 지극하다 / (至 − 6획)　　至 : 이를 (지). 지극하다 / (至 − 6획)
公 : 공평할 (공). 공평무사하다 / (八 − 4획)　　明 : 밝을 (명) / (日 − 8획)

[출처]

請辨覈五罪疏(청변핵오죄소)

다섯 가지 죄를 밝히기를 청하는 소

賞罰 國之大典 賞一人而千萬人勸 罰一人而千萬人懼 非**至公至明** 不足以得其中而服 一國之人心也(상벌 국지대전 상일인이천만인권 벌일인이천만인구 비지공지명 부족이득기중이복 일국지인심야)

自殿下踐祚以來 省憲法司交章擧劾 (중략) 章疏屢上 雖勞聖慮之勤 至今未見明白(자전하천조이래 성헌법사교장거핵 (중략) 장소루상 수로성려지근 지금미견명백)

必於其間 有罪者曲蒙肆宥 無辜者未能昭雪 其於公道 似乎兩失(필어기간 유죄자곡몽사유 무고자미능소설 기어공도 사호양실)

是以 言者 紛紛至今不已 臣等以謂宜令省憲法司 共議商確 將連涉人等獄詞文案 更加詳覆 某人罪 在不宥 宜置于法(시이 언자 분분 지금불이 신등이위의령성헌법사 공의상확 장연섭인등옥사문안 갱가상복 모인죄 재불유

의치우법)

某人情在可疑 宜從輕典 某人無罪被誣 宜令辨釋 獄章旣上 殿
下坐朝門 召宰輔臣僚 親臨審錄 使無冤抑 然後加以罪黜 施以肆宥
則人心服而公道行矣(모인정재가의 의종경전 모인무죄피무 의령변석 옥장기상 전
하좌조문 소재보신료 친림심록 사무원억 연후가이죄출 시이사유 즉인심복이공도행의)

　상벌은 나라의 큰 법입니다. 한 사람을 상주면 천만 사람을 권면하게 되는
것이요, 한 사람을 벌함으로써 천만 사람이 두려워하는 것이니 지극히 공정하
고 지극히 분명하지 않으면 중도를 얻어서 한 나라의 인심을 복종시킬 수가 없
습니다. 전하께서 즉위하신 이래로 성헌(省憲-간쟁하고 법을 유지하는 도성(都省)과
헌대(憲臺)의 관원, 곧 대간(臺諫)을 말함)과 법사가 글을 같이하여 논핵하기를, (중략)
상소가 여러 차례 올라와서 비록 전하의 심려를 근심스럽게 하였으나, 지금까지
아직 명백한 것을 보지는 못하였으므로, 반드시 그 사이에 죄를 지은 자가 부
당하게 용서받고, 죄가 없는 자가 억울한 죄를 벗지 못하였을 것이니, 공정한 도
리에 있어서 두 가지를 다 잃은 듯합니다. 이 때문에 말하는 말하는 자들이 분
분하여 아직도 그치지 않고 있습니다. 신들의 생각으로는 마땅히 성헌과 법사
에 명령하여 함께 일을 밝히기를 의논하여 확정하게 하되, 연루된 사람들이 옥
사(獄詞 - 옥사에 관련된 피의자가 진술한 말) 문안을 자세하게 헤아려서 누구의 죄
는 용서할 수 없으므로 마땅히 법으로 처리해야 하고, '누구는 정상이 의심스
러우므로 마땅히 가벼운 법에 따라야 하고, 누구는 죄 없이 무고하게 당하였으
므로 마땅히 사리를 분명하게 해석하여야 한다'고 해야 하겠습니다. 옥사를 적
은 글이 올라오면 전하께서 조정에 앉아서 재상 막료들을 소집하여 친히 문서
를 살펴서 억울함이 없게 한 뒤에 죄 줄 사람은 주고, 용서할 사람은 용서하시
면 인심이 복종하고 공정한 도가 행해질 것입니다.

　『포은집』 권3

사자성어의 의미

'지공지명(至公至明)'은 지극히 공정하며 지극히 명백하다는 의미이다. '공명(公明)'만을 따로 떼서 말한다면 사사로움이 없이 공정(公正)하고 명백(明白)한 것이 된다. 즉 '공명'은 어떤 일에 있어 사사로움을 배제하고, 그 판단에 있어 명명백백(明明白白)하여 의문의 여지가 없음을 이르는 말이다. '공(公)'과 '명(明)'을 분리해서 그 의미를 살펴보자.

'공(公)'은 다양한 의미를 내포하고 있다. 일반적으로 '공'이라 할 때 공정(公正)하다와 공평무사(公平無私)하다는 의미를 지니고 있다. '공정'은 공평하고 올바르다며, '공평무사'는 공평하여 사사로움이 없다는 의미이다. 어떻든 간에 '공'이 적용되는 곳에는 사욕이 배제되어 어느 한 쪽에 기울지 않는 공정함이 있어야 한다. '명(明)'은 밝음이며, 깨끗함이고, 환한 모양을 말한다. 밝고 깨끗하고 환한 곳에는 사욕이나 삿됨이 개입될 수 없다. 환한 빛이 모든 어둠, 즉 사욕을 거둬 내기 때문에 '명'은 맑고 깨끗함이 존재하는 세계이다.

'공명'이 지극할 때 중(中)을 얻을 수 있다고 포은선생은 말했다. '중'은 불가에서는 '중도(中道)'를, 유가에서는 '중용(中庸)'을 뜻하는 것이다. 불가에서의 '중도'는 단순히 치우치지 않는 그 중간의 길을 의미하는 것이 아니다. '중도'는 "있는 것도 아니고 없는 것도 아니며, 있고 또한 없는 것이니, 있고 없음이 합하는 까닭에 중도라 이름한다."고 했다. 즉 있고[有]와 없고[無]의 상대적 가름이 아니라 융섭을 의미하는 것이다. 따라서 불가의 중도는 자기 수양적 측면만을 말하고 있다.

포은선생의 중도는 유가의 '중용'을 말하고 있다. 흔히 중용을 말할 때 '과유불급(過猶不及)'이란 말을 쓴다. '중용'은 지나침도 모자람도 없는[불과불급(不過不及)] 그 중간으로 어느 한편에 치우침이 없음을 뜻한다. 여기서 말하는 중(中)은 단순히 중간을 뜻하는 것이 아니라 인간의 본성을 말한다. 하늘이 부여한 인간의 본성을 따르는 것이 '중'이다. 그런 점에서 '중'은 천하의 근본이 된다. '용(庸)'은 인간의 본성을 갈고 닦는다는 뜻이다. 따라서 '중용'은 하늘이 인간에게 부여한 깨끗한 본성을 갈고 닦아 잘 보존하는 것이다. 현대적 의미로 본다면 인간이 살아가는 진정한 의미와 삶의 올바른 중심이라 할 수 있다.

'지공지명'은 바로 '중용'으로 나가는 길이다. 하늘이 인간에게 부여한 순선(純善)한 본성을 유지하기 위해서는 공정을 통해 사사로움과 치우침을 제거해야 하고, 중용을 지극히 밝혀 나가야 한다. '지공지명'이 우선될 때 천지는 제자리를 찾게 되어 모든 일이 순리에 따라 나가게 된다. 포은선생은 그런 점에서 정치에 있어 '지공지명'의 가치를 밝힌 것이다.

현대인에게 주는 교훈

포은선생은 지극히 공명하고 지극히 분명하지 않으면 중도를 얻을 수 없고,

중도를 얻지 못하면 백성들의 인심을 얻어 복종시킬 수 없다고 했다. 특히 상벌(賞罰)에 있어서 '지공지명'은 아주 중요한 기준이 된다. 상과 벌을 논하는 데 있어 사적인 감정이 개입된다면 그 공정성에 논란이 일게 되고 급기야 상벌에 대한 신뢰를 허무는 결과를 초래한다.

포은선생은 상벌이 주는 의미를 제시하면서 '공명'의 중요성을 밝히고 있다. 위로부터 정당한 상(賞)이 내려졌을 때 모든 사람들은 무엇이 올바른 길임을 알게 된다. 비록 상이 목적이 아니더라도 정당성이 확보되었을 때는 서로를 올바른 길로 권면케 하는 계기를 마련할 수 있다. 정당한 벌칙도 마찬가지이다. 개인적 과욕(過慾)이 부른 죄과는 그에 상응하는 벌이 주어져야 한다. 죄과에 대한 명백한 시비를 가려 정당한 벌을 가했을 때 모든 사람들은 수긍하게 되고 죄의 길에 들어서지 않으려고 한다. 일벌백계(一罰百戒)가 필요한 이유가 여기에 있다.

특히 군주의 입장이라면 '지공지명'은 더욱 요구되는 상황이다. 상벌에 있어 지극히 공정하고 지극히 분명하지 않으면 중도를 잃게 되어 인심을 얻을 수 없다고 했다. 법이 군주 한 사람의 이해관계에 따라 적용된다면 이는 크나큰 문제를 야기할 수 있다. 원칙이라는 근간이 무너지게 되는 것이다. 군주의 이해관계에 따라 아첨꾼과 모사꾼만이 주위에 판을 치게 된다. 역사가 보여주듯, 군주가 공명에 의한 중도의 길을 상실했을 때는 쇠망의 길로 치닫게 된다. 근간이 무너진 상황에서는 민심도 등을 돌리기 때문이다.

포은선생은 공양왕에게 〈다섯 가지 죄를 밝히기를 청하는 소〉에서 '지공지명'을 먼저 언급하면서 군주의 도리를 상기시키고 있다. 군주는 신하의 죄를 논하기에 앞서 그 결정이 지극히 공명(公明)한 데서 이루어졌는지를 묻고 있다. 포은선생은 공양왕의 논죄(論罪)가 명백한 근거를 바탕으로 한 처사가 아니므로 공정한 도리를 잃은 결과라고 했다. 그런 까닭에 성헌(省憲)과 법사(法司)에 명해 일의 시비를 명확하게 논의하여 확정한 후, 그 죄의 경중을 물을 것을 아뢰고 있다. 결코 억울한 죄로 옥고를 치루는 일이 발생해서는 안 된다는 진언이다.

공명은 정치에 있어 우선적으로 갖추어야 할 요건이다. 특히 위정자의 결정에 공명성이 결여되고 그 자리에 사심(私心)이 들어설 경우 자신은 물론 나라를 위태롭게 할 수도 있다. 군주 자신의 사사로움이 어진 인재를 핍박하는 결과를 낳는다면 그 나라는 온전할 수가 없다. 퇴계선생의 "순치어멸신망국자 진시인군불능거일사자고야(馴致於滅身亡國者 盡是人君不能去一私字故也)"는 생각해볼 말이다. "차츰차츰 몸을 망치고 나라를 망치기에 이르는 것은, 모두 임금이 '사심'이라는 한 글자를 버리지 못했기 때문이다."라는 뜻이다. 자신의 지위가 높을수록 '공명'이란 두 글자는 더 큰 무게를 지니고 있어야 한다.

너의 고통이
나의 고통이다

3

時 在 腹 兒

때 **시**　　　있을 **재**　　　배 **복**　　　아이 **아**

時 : 때 (시) / (日 − 10획)　　　腹 : 배 (복) / (肉 − 13획)
在 : 있을 (재) / (土 − 6획)　　　兒 : 아이 (아) / (儿 − 8획)

[출처]

征夫怨(정부원)

남편을 전쟁터로 보낸 아내의 원망

一別多年消息稀(일별다년소식희)　　헤어진 지 몇 년이 흘러도 소식 없으니,
塞垣存沒有誰知(새원존몰유수지)　　변방 임의 생사는 어느 누가 알리오.
今朝始寄寒衣去(금조시기한의거)　　오늘 아침 비로소 겨울옷 보내는데,
泣送歸時在腹兒(읍송귀시재복아)　　울며 떠나보낼 때 뱃속 아기 있었네.

『포은집』 권1

사자성어의 의미

'시재복아(時在腹兒)'는 그때 뱃속에 아이가 있었다는 뜻이다. 시어 '복아(腹兒)' 두 글자는 이 시에서 시안(詩眼)이라 할 수 있다. 시안은 시의 눈이란 의미로 시에 있어서 가장 중요한 곳을 말한다. 화룡점정(畵龍點睛)이란 말을 생각할 수 있다. 용을 그린 다음 마지막으로 눈동자를 그린다는 뜻으로 가장 요긴한 부분을 마쳐 일을 끝냄을 이르는 말이다. 용의 눈동자를 그려 그림의 요처(要處)를 마무리하듯 시에 있어서도 시 전체를 생동감 있게 살려내는 경이로운 구절이 필요하다. 이것을 두고 시안(詩眼)이라 한다.

'복아(腹兒)'는 시 제목의 '정부(征夫)'와 맞닿아 시린 아픔의 파장을 독자들에게 전달하고 있다. 시의 마지막 구절인 '시재복아'로부터 시린 물결의 시정(詩情)을 역추적 해보자. 시의 정황상 정부는 갓 결혼한 신혼부부로 추측된다. 전쟁의 소용돌이가 휘감아 도는 변방으로 떠나는 남편과의 기약 없는 이별을 해야 하는 상황이다. 태중 아이의 존재조차도 모르고 이별의 아픔을 안으로 감싸 안고

울어야 하는 새색시의 슬픔은 처연하다 못해 애린 상처로 와 닿는다.

이별의 아픔을 안고 지난 시간이 얼마인지 아득하다. 그 시간을 뱃속의 아이를 통해 말하고 있다. 변방의 추운 겨울을 지낼 수 있게 남편을 위해 해마다 겨울옷을 지었을 것이지만 이를 전달할 방법이 없다. 오늘 아침에야 비로소 겨울옷을 보낸다고 했으니 그 시간의 거리가 얼마인지를 가늠할 수 있다. 이별의 시간만큼이나 그리움은 쌓였을 터인데 비로소 그리움과 사랑의 온정을 전달할 수 있으니 그 기쁨은 형언키 어려운 크기로 다가오는 것이다.

그러나 이는 어쩌면 더 큰 슬픔으로 다가올지 알 수 없는 상황이다. '일별년다(一別年多)'가 그런 불길한 예감을 자아내게 하기 때문이다. 아비를 위해 겨울옷을 갖다 줄 정도로 뱃속의 아이가 장성했는데, 그 시간 동안 남편에게서는 아무런 소식이 전해지지 않고 있다. 스스로를 위안하기 위해 변방의 긴박한 상황 때문에 소식이 전달되지 않으리라고 믿고 싶을 뿐이다. 이는 아낙네의 바람으로 그치지 않는다. 한땀 한땀 그리움과 애정을 담아 지은 옷이 아들의 손에서 그 아비에게 무사히 전달되기를 바라는 포은선생의 애련한 심정이 함께 하고 있다.

현대인에게 주는 교훈

나라가 혼란스러울 때 발생하는 문제들을 온몸으로 감내하고 극복해나가는 대상은 항상 민초들이었다. 고려말이란 시대적 상황은 대내외적으로 심각한 혼란상을 초래하였다. 대내적으로는 정권의 교체로 인해 권력의 부침(浮沈−성함과 쇠함, 시세의 변동)이 심했던 까닭에 민초들을 위한 정치가 제대로 실행될 수 없는 상황이었다. 게다가 대외적으로는 원명(元明)교체기여서 혼란한 국제 정세를 틈타 북방 오랑캐들이 들끓고 있었다. 대내외적으로 가중되는 혼란은 고스란히 민초의 몫으로 돌아가는 상황이다.

포은선생의 시 〈정부원〉은 이런 시대적 상황에서 겪게 되는 민초의 고통을 젊은 아낙의 목소리를 통해 오롯하게 담아내고 있다. 시 제목에서부터 슬픔을 감지할 수 있다. 〈정부원〉은 정부(征夫)에 대한 원망이다. 정부(征夫)는 변방 전쟁터로 나간 남편을 지칭하며, 원(怨)의 주체는 정부의 아내가 된다. 따라서 이 시는 화자가 여성으로 변방을 수비하기 위해 나간 남편에 대한 그리움과 원망을 담아내고 있다. 화자는 수자리(戍자리 – 국경을 지키던 일 또는 그런 병사)를 보낸 아내의 아픈 심정을 대변하고 있는데, 이는 포은선생이 여성의 목소리를 통해 시대의 아픔을 담아내기 위한 장치인 것이다.

화자는 낭군과 헤어진 지 벌써 몇 해가 되었지만 소식 한 통 없는 현실을 들고 나왔다. 수자리란 것이 언제 어떻게 변할지 모르는 급박한 상황임을 알기에 낭군의 무사함만을 기도하며 무던히도 기다려왔던 시간들이다. 헤어짐의 시간이 쌓여갈수록 아낙의 심정은 더욱 애절하기만 하다. 애타는 마음이 낭군의 생사여부에 대한 확신도 옅어지고 있는 상황이다. 절망적인 현실은 아낙의 심정을 자포자기로 이끄는 듯하다. 그러나 우리의 민초가 그러하듯 결코 희망의 끈을 포기할 수 없다. 낭군이 살아있으리라는 확신을 가지며 이별이 가져다준 간극을 메우듯 한땀 한땀 사랑을 담아 겨울옷을 지었다. 어떤 절망적 상황에서도 삶에 대한 희망을 포기하지 않는 민초들의 끈질긴 생명력을 보여주고 있다. 희망의 끈은 '복아(腹兒)'에서 찾을 수 있다. 현실적 상황에서 낭군과 끊어진 고리를 헤어질 때 뱃속에 품고 있던 아이의 성장을 통해 연결하고 있다. 생면부지의 아버지를 찾아 떠나는 성장한 아들의 손에는 낭군에 대한 애틋한 사랑의 증표인 겨울옷이 쥐어져 있다. 힘겹고 절망적인 현실이지만 결코 희망을 잃지 않는 민초의 긍정적 삶을 읽어낼 수 있다.

〈정부원〉이란 같은 제목의 칠언절구 시가 조선시대 권필에게도 있다. 시의 3,4구는 "정부부지랑이몰 야심유자도한의(征婦不知郎已沒 夜深猶自擣寒衣)"이다. 해석하면 "군인의 아내는 남편이 죽은 줄도 모르고, 밤늦도록 겨울옷 다듬이질하네."이다. 포은선생의 〈정부원〉2,3구와 유사한 내용을 담고 있다. 권필의 시가 희망의 상실로 결말을 맺어 민초의 슬픔을 애절하게 담은 데 반해, 포은선생은 희망의 단초를 제시하고 있다는 점에서 차이를 보이고 있다. 포은선생은 여성화자의 목소리를 빌려 민초들의 애처롭고 슬픈 심정을 대변함과 동시에 어떤 상황에서도 희망을 잃지 않고 그 고통을 극복하여 새로운 희망을 전달하고자 하는 메시지를 담고 있다. 이는 민초의 고통을 감싸 안으려는 포은선생의 애민정신이다.

高 枕 而 臥

높을 **고**   베개 **침**   말 이을 **이**   누울 **와**

高 : 높을 (고) / (高 – 10획)   而 : 말 이을(이) / (而 – 6획)
枕 : 베개 (침) / (木 – 8획)   臥 : 누울 (와) / (臣 – 8획)

[출처]

金海山城記(김해산성기)

侯猶慊然憂形於色曰 是奚足爲政? 近日之陷, 夫而哭妻, 子而哭父母者 聲相續也. (후유겸연우형어색왈 시해족위정? 근일지함, 부이곡처, 자이곡부모자 성상속야)

失今不圖 後當復然 此余之痛心也. (생략) 將使金海之民 平居無事 則下山而田 入海而漁(실금부도 후당복연 차여지통심야 (생략) 장사김해지민 평거무사 즉하산이전 입해이어)

及見烽燧 收妻帑而入城 則可以高枕而臥矣. 孰謂設險自固爲拙策也. 余將訪古伽倻之墟 當擧酒於新城之上 以賀朴侯政績之有成也.(급견봉수 수처노이입성 즉가이고침이와의. 숙위설험자고위졸책야. 여장방고가야지허 당거주어신성지상 이하박후정적지유성야)

박후는 오히려 근심스런 빛을 보이며, "이것을 어찌 바로 잡혔다고 할 수 있겠는가? 얼마 전 함몰되었을 때, 지아비가 처를 위해 통곡하고 자식은 부모를 위해 통곡하니 통곡의 소리가 끊이질 않네. 지금 성 쌓기를 도모하지 않고 기회를 잃으면 다시 복원할 수 없으니 이것을 내가 마음 아파하는 것이다. (생략) 장차 김해의 백성으로 하여금 평소 무사할 때는 산에서 내려와 밭 갈고 바다에 나가 고기 잡게 하며, 봉화를 보면 처자를 거두어 성안으로 들이게 하면 베개를 높이고 누울 수 있을 것이다. 누가 요해지를 설치하여 스스로 굳게 지키는 것을 졸렬한 계책이라 하겠는가? 내가 장차 옛 가야의 터를 방문하면 새 성 위에서 술잔을 들고 박후가 이룬 업적을 축하하리라.

『포은집』 권3

사자성어의 의미

'고침이와(高枕而臥)'의 유래는 중국 전국시대(戰國時代) 장의(張儀)에 의해서 나온 것이다. 장의는 위(魏)나라 애왕에게 베개를 높이 베고 걱정을 없애기 위해서는 연횡책을 채택해야 한다고 설득하면서 사용한 말이다. 당시 상황은 강대국인 진나라를 대항하기 위해 여섯 나라가 합종(合縱)하여 동맹을 맺어 진나라를 견제하고 있었다. 장의는 합종책을 와해시키기 위해 애왕에게 "만일 진나라를 섬기게 되면 초나라나 한나라가 감히 공격하지 못할 것입니다. 초나라와 한나라로부터의 재앙만 없다면 대왕께서는 베개를 높이 하고 몸을 뉘어 편안히 잘 수가 있을 것이고 나라에도 근심이 없을 것입니다[연이사진 즉초한불감동 무초한지환 즉대왕고침이와안면 국필무우의(然以事秦 則楚韓不敢動 無楚韓之患 則大王高枕而臥安眠 國必無憂矣)]."라고 설득하여 마침내 합종에서 탈퇴케 하였다. 이후 여섯 나라를 차례로 연횡(連橫)에 성립시켜 진에 헌상하는 결과를 만들었다.

장의는 정치적 이해를 목적으로 '고침이와'를 감언이설(甘言利說)로 사용했지만 본래의 뜻은 베개를 높이 베고 누워 편안한 시간을 보낸다는 의미로 태평한

세월을 말할 때 쓰는 숙어다. 이와 같은 숙어로 '고침안면(高枕安眠)'이 있는데 높은 베개를 베고 편안히 잠잔다는 의미이다.

포은선생은 〈김해산성기〉에서 무너진 김해산성을 다시 축조하여 왜구의 침입에 대비해 백성을 안전하게 보호한 김해부사 박위(朴葳)의 치적을 논하면서 산성 축조의 목적을 '고침이와'에 있음을 밝히고 있다. 포은선생은 산성을 쌓음으로써 왜적의 침입을 방어할 뿐만 아니라 백성들에게 편안하게 생업에 종사할 수 있는 길을 마련했다는 점에서 산성 축조에 큰 의의를 두었다. 이는 잦은 왜구의 약탈로 근간이 무너진 백성들을 삶의 터전으로 다시 복귀시킨 것이 된다. 어떻게 하면 백성들이 편안한 삶을 유지할 수 있는가를 고민하는 목민관의 심정을 보여주고 있다. 문제의 근원을 파악하여 해결함으로써 그 혜택이 백성들에게 돌아갈 수 있게 하려는 포은선생의 애민하는 마음을 읽을 수 있다. '고침이와'에는 백성들이 편안한 삶을 살아갈 수 있기를 바라는 포은선생의 애민정신이 담겨 있다.

현대인에게 주는 교훈

고려말은 어느 시대보다 외침이 잦은 탓에 민초들의 고통은 이루 말할 수 없을 정도로 피폐하였다. 북으로는 여진의 침입으로 방추(放秋-가을걷이가 끝나면 오랑캐들이 식량을 약탈하기 위해 쳐들어오는 것을 막는 것)를 위해 수많은 장정들이 수자리를 살아야했다. 남으로는 배를 타고 온 왜구들의 노략질로 무수한 백성들이 삶의 터전뿐만 아니라 소중한 목숨까지 잃었다.

왜구의 침입이 극성하던 즈음, 포은선생은 이인임 일파의 부당함을 상소한 것이 빌미가 되어 언양으로 귀양(1376, 우왕 2년) 가게 되었다. 남쪽으로 귀양 온 포은선생은 남해안을 노략질하는 왜구의 실상에 안타까운 마음을 금치 못했다. 당시 김해 부사로 부임한 박위가 옛 산성을 개·증축하여 백성들의 근심을 해소시킨 것을 보고 이를 기념하기 위해 포은선생은 〈김해산성기〉를 지었다.

이 기문(記文)에서 포은선생은 왜구의 침입으로 인한 민초들의 고통을 사실적으로 표현하고 이를 애통해 하였다. 지아비는 처자를 잃어 통곡하고, 자식은 부모를 잃어 통곡을 하는 처절한 소리가 끊어질 날이 없다고 묘사했다. 끊이지 않는 곡소리는 당시의 민초들의 실상을 여과 없이 보여주는 장면들이다. 민초의 질곡에 아픈 마음을 가눌 수 없는 포은선생은 왜구의 노략질에 대한 근본적 대처 방안으로 무너진 성을 다시 축조하여 든든한 방어벽을 만드는 데 있다고 했다.

성곽 축조의 필요성에 대한 포은선생의 생각은 일찍이 북평사(北評事-함경도에 있는 북병영에 딸린 정6품 무관 또는 그 관직)로 있으면서부터였다. 동북(東北) 변방을 관찰할 때 포은선생은 산성의 중요성을 인지하였다. 오랜 세월 동안 북쪽 오랑캐의 침범을 굳건하게 막아낼 수 있었던 것은 산천을 가로질러 쌓은 산성이 있었기에 가능한 것을 직접 목도했기 때문이다. 그런 까닭에 왜구의 노략질이 심한 김해에 옛 산성을 보수하는 것은 요해처(要害處-지세가 적에게는 불리하고 자기편에는 긴요한 지점)를 설치하여 스스로를 방어할 수 있는 훌륭한 계책이 될 수 있다.

산성의 축조는 백성의 안위와 직결된다. 무수한 생민(生民)들을 보호하기 위한 가장 현실적 방안이라 할 수 있다. 백성들로 하여금 평소 무사할 때는 산에서 내려와 농사를 짓게 하고, 봉화가 오르면 처자를 거두어 성안으로 들어갈 수 있게 하면 왜구의 화를 면할 수 있게 된다. 생민의 안위와 안정된 생활을 영위할 수 있도록 지세(地勢)의 활용을 적극적으로 강조한 것이다.

포은선생은 기문에서 『맹자』〈공순추 하〉편을 인용하였다. "천시불여지리 지리불여인화(天時不如地利 地利不如人和)"는 '천시는 지세(地勢)의 유리함만 못하고, 지리는 사람들의 화합만 못하다'라는 의미이다. 하늘이 비록 좋은 기회를 주었다 하더라도 지세의 이로운 위치를 얻지 못하면 승산이 없다. 이러한 지세의 이로움도 사람들의 화합에는 미치지 못한다고 했으니 가장 중요한 것은 인화(人和)가 되는 것이다.

포은선생은 인용을 통해 산성 축조가 지닌 지세의 중요성을 언급하고 있지만 그 이면에는 인화에 초점을 두고 있다. 맹자는 전쟁에 있어 가장 중요한 것은 인화에 의한 승리라고 말하였지만, 포은선생은 산성축조에 초점을 두고 맹자의 글을 인용하였으므로 인화는 결과론적 관점에서 바라본 것이다. 즉 산성의 축조는 백성들로 하여금 생업에 종사할 수 있게 할 뿐만 아니라 침략에 따른 처자식과의 생이별이나 죽음을 면할 수 있게 한다. 따라서 왜구의 노략질에 의해 부서진 마음들을 위안할 수 있고, 유리걸식에서 벗어나 안정된 삶을 구가할 수 있게 된다. 인화는 최소한의 인간적 삶이 보장될 때 가능하다. 포은선생이 말하는 '고침이와'는 단순한 바람에 그치지 않고 있다. 왜구의 노략질이 극심한 상황에서 현실적 접근 방법을 통해 생민들이 진정으로 편히 살 수 있는 방안을 제시한 것이다. 포은선생은 입으로 하는 애민이 아니다. 애민할 수 있는 방안이 무엇인지를 현실적으로 보여주고 있다.

入 夜 哀 歌

들入   밤夜   슬플哀   노래歌

入 : 들 (입) / (入 - 2획)　　哀 : 슬플 (애) / (口 - 9획)
夜 : 밤 (야) / (夕 - 8획)　　歌 : 노래 (가) / (欠 - 14획)

[출처]

咸州東行冒雨(함주동행모우)

함주에서 동쪽으로 가다 비를 맞으며

東行冒零雨(동행모령우)	동쪽으로 가다 내리는 비 맞았으며,
半月到咸州(반월도함주)	보름 만에 함주에 이르렀네.
入夜哀歌發(입야애가발)	밤 되면 슬픈 노래 소리 들리고,
經秋古壘脩(경추고루수)	가을 지나 예전 보루 개축하네.
疲氓苦思理(피맹고사리)	피곤한 백성들 사리분별 괴로우니,
明主肯無憂(명주긍무우)	밝은 임금 근심을 없애려 하네.
自愧書生輩(자괴서생배)	스스로 부끄럽네 서생의 무리들은,
徒然白了頭(도연백료두)	부질없이 머리만 희어지네.

『포은집』 권2

사자성어의 의미

'입야애가(入夜哀歌)'는 밤이 되니 슬픈 노래 들린다는 뜻이다. 슬픈 심정을 읊은 노래인 애가(哀歌)가 왜 하필 밤이 들어서야 울리게 되는지, 그리고 애가를 부르는 주체는 누구이며 애가를 들어야 하는 객체는 누구인가. 밤이 들어 애가가 불려진다는 것은 결코 바람직한 현상은 아닐 것이다. 어떤 이유에서든 애가는 슬픈 심정을 읊고 있기 때문에, 이런 노래가 불려진다는 것은 창자(唱者)로 하여금 슬픔을 자아내게 하는 요인이 있다는 결론이 나온다.

애가가 불려지는 공간은 함주다. 함주는 지금의 함경남도 함흥시에 속하는 지역이다. 당시의 함주는 변방 지역으로 오랑캐의 침입이 잦았던 곳이다. 일단 애가가 불려지는 첫 번째 이유를 여기에서 찾을 수 있다. 극심했던 왜구의 침탈과 그 폐해를 사실적으로 서술한 포은선생의 〈김해산성기〉의 한 구절을 통해서 애가의 심정을 가늠할 수 있다. '지아비가 처를 위해 통곡하고 자식은 부모를 위해 통곡하니 통곡의 소리가 끊이질 않는다'고 했다. 비록 언급 하지는 않았지만 통곡할 대상이나 주체 모두가 없는 경우까지를 감안한다면 그 피해의 현장은 상상을 초월할 것이다. 그런 점에서 애가의 발단은 외적의 노략질에 따른 가족 일원의 죽음이 그 원인이 될 수 있다.

둘째 이유는 비록 외적의 침략에 따른 직접적 피해를 보지 않았지만 그로 인해 빚어지게 된 가족 간의 오랜 이별이 애가를 부르게 했을 것이다. 잦은 외침은 변방을 강화하는 빌미를 불러 수자리에 더 많은 민초들을 차출하게 된다. 또한 한 번 나간 수자리는 긴박하게 돌아가는 변방의 상황으로 인해 돌아올 시간을 더욱 길어지게 만든다. 외침으로 인한 사랑하는 사람과의 이별은 무시로 슬픈 마음을 불러일으킬 것이다. 밤은 사랑하는 이의 빈자리가 더욱 크게 느끼게 하는 시간이다. 밤이 주는 시·공간적 배경은 가슴 한편에 늘 간직했던 그리운 이를 자극하는 분위기를 자아내기에 충분하다. 그리움에 잠들 수 없는 밤이라면 애가가 나오지 않는 것이 오히려 이상하다. 그런 점에서 '입야애가'는 영원한 이별이든 만남을 기약한 이별이든 간에 사랑하는 이의 부재가 안겨준 슬픔이 절절히 묻어날 수밖에 없다.

애가에서 느껴지는 절절한 그리움의 정서는 낯선 이방인에게도 애상을 자아내게 한다. 위정자의 입장이라면 한밤의 애가는 그리움에 대한 정서를 드러낸 것 이상의 의미를 지닌다. 애가가 불리고 그 노랫말 속에 담긴 백성들의 슬픔과 고통을 헤아린다면 애가는 위정자에게 비수가 되어 꽂히게 된다. 외침을 당하게 한 이유의 중심에 위정자들이 있기 때문이다. 위정자가 그들 몫을 제대로 하지 못한 까닭에 밤들어 애가가 불리게 된 것이다. 포은선생은 '입야애가'를 통해 백성들의 애환과 고통을 연민의 정으로 바라보고 있다. 연민의 정에 그치지 않고 애가가 불려지게 된 근본 이유로까지 나가고 있다. 결국 문제의 근원은 위정자의 무능함 때문이다. 따라서 '입야애가'에는 포은선생의 두 가지 심중을 읽을 수 있다. 백성의 고통을 감싸 안으려는 연민의 시선과 문제 해결의 한계에 따른 자괴감이 깔려 있다. 비록 포은선생이 능력 밖의 일이라 하여 자괴감을 보이고 있지만 왜적을 물리치기 위해 남북으로 쉼 없이 출정했다는 점에 유의할 필요가

있다. 이는 포은선생의 애민이 단지 구호에 불과한 것이 아니라 실천을 통해 온
몸으로 보여준 애민임을 알 수 있게 한다.

현대인에게 주는 교훈

포은선생은 동북면의 변방인 함경남도 함주 지역을 두 차례 갔다. 그 이유
는 이 지역에 출몰한 왜구와 여진족을 토벌하기 위해서이다. 첫 번째 함주행은
1363년 동북면도지휘사(東北面都指揮使) 한방신(韓邦信)의 종사관으로 여진족 토
벌을 위해서였고, 두 번째는 1383년 동북면조전원수(東北面助戰元帥)로서 함경도
에 침입한 왜구를 토벌하기 위해서였다. 시 〈함주동행모우〉는 동북조전원수로
왜구를 토벌하기 위해 함주를 지나면서 지은 것으로 보인다.

포은선생은 함경남도 지역에 출몰한 왜구를 토벌하기 위해 악천후에도 불구
하고 부지런히 달려 함주에 이르렀다. 함주에 이르렀을 때는 이미 왜구의 침탈
이 이루어진 뒤였다. 밤마다 이어지는 민초들의 슬픈 탄식은 구슬픈 노래가 되
어 밤하늘을 메우고 있다. 한밤의 애가는 낮이 되자 부역으로 전환된다. 가을
이 지났음에도 다시 있을 왜구들의 노략질을 대비해 예전에 무너졌던 보루를 새
로 고치고 있는 상황이다. 민초들이 겪어야 하는 심신의 고통을 모두 보여주고
있다. 낮이면 무너진 보루를 새로 쌓기 위해 무거운 돌과 흙을 날라야 하는 힘
든 부역으로 지친 몸을 더욱 지치게 하고, 밤이 되면 사랑하는 사람의 부재가
주는 고통으로 마음은 주체할 수 없는 슬픔으로 나가고 있다. 삶 자체가 고통의
연속인 민초들의 모습이다.

민초들의 삶이 오죽했으면 사리분별조차 괴롭다고 했을까. 그들을 구제할 방
법은 없는가? 포은선생은 현명한 군주에 기대를 걸고 있다. 백성들에게 널리 은
혜와 덕을 베풀어 만민의 고통을 구제하길 바라고 있다. 진정으로 백성을 위한
정치는 애민(愛民)에서 출발한다. 애민은 백성의 뜻을 받들어 즐겁게 해주는 것

이 최상이다. 그렇다면 함주 백성들이 바라는 뜻을 무엇일까? 외적의 침탈에 무너진 가족의 복원과 과중한 부역에 대한 경감이 우선적 바람이 될 수 있다. 그에 대한 응답은 막연하기만 하다. 단지 밝은 임금이 백성들의 근심을 없애 주기를 바라고 있을 뿐이다. 이는 어쩌면 자조 섞인 바람일 수밖에 없다. 백성의 침탈이 극심한 현실에서 이를 일소시키는 방법은 초인과 같은 명주(明主)의 출현에서만 가능하다. 이룰 수 없는 바람인 것을 알면서도 그런 바람을 해야 하는 포은선생의 심정은 답답하기만 한 것이다.

밤마다 들려오는 백성들의 슬픈 노래는 포은선생으로 하여금 자신의 존재에 대한 물음을 던지고 있다. 침탈과 부역의 현장에서 목도한 백성들의 삶은 슬픔과 고역으로 점철되어 있다. 어떻게 해 볼 방도가 없는 상황이다. 결국 서생(書生)에 불과한 자신에 대한 자괴감을 불러일으키고 있다. 당장이라도 전장을 누비며 적들을 섬멸하고 싶은 호기를 지녔지만 그렇게 하지 못한 자신을 서생의 무리에 빗대어 자탄하고 있다. 백성들에 대한 연민만 가득할 뿐 어떻게 해보지 못하고 늙어버린 자신에 대한 회한이 한탄으로 이어졌다.

포은선생이 비록 자신을 서생의 무리라 자탄하고 있지만 최전선에서 적과 마주하고 왜구를 토벌하는 데 앞장섰던 분이다. 책상물림의 나약한 서생이 아니라 현실의 문제를 적극적으로 극복하려 했던 실천적 인물이다. 남북으로 연이어 행한 험난한 사행은 우국(憂國)과 애민의 실천적 결과물이라 할 수 있다. 그런 점에서 포은선생은 백성들을 사랑하는 데 뜻을 두어야 하고, 백성을 즐겁게 하기 위해 행동해야 한다는 애민 정신을 가장 잘 실천한 분이라 할 수 있다.

위정자들 중에 백성을 사랑한다고 말하는 이들은 많다. 그러나 자신의 이권이 개입되거나 위급한 상황이 발생할 때는 항상 백성은 뒷전으로 밀려나는 것을 고금(古今)의 역사를 통해서 봐왔다. 애민은 자신에 앞서 남을 위하는 이타적(利他的) 실천이 요구된다. 애민은 거창한 것이 아니다. 개인의 삿된 욕심을 내려놓고 공익을 실천하면 그뿐이다. 말뿐인 세상 말로써 망할 수 있다. 백성을 위한 진실된 공언(公言)과 실천이 애민의 시작이자 끝이다.

쉼없이
가야 한다

4

逝 者 如 斯

갈 **서**   놈 **자**   같을 **여**   이 **사**

逝 : 갈 (서). 죽다 / (辵 – 11획)   如 : 같을 (여) / (女 – 6획)

者 : 놈 (자). 것, 곳 / (老 – 9획)   斯 : 이 (사). 잠시 / (斤 – 12획)

[출처]

惕若齋銘(척약재명)

惟天之行 日九萬程(유천지행 일구만정)	하늘의 운항하는 것은 날마다 9만 리라.
須臾有間 物便不生(수유유간 물변불생)	잠깐이라도 끊기면 사물이 나지 못한다.
逝者如斯 袞袞無已(서자여사 곤곤무이)	가는 것이 이 같으니 바삐 움직여 그침이 없네.
一念作病 血脉中否(일념작병 혈맥중부)	잠깐 동안이라도 병이 생기면 혈맥이 중단되는 것이라네.
君子畏之 夕惕乾乾(군자외지 석척건건)	군자가 그것을 두려워하여 저녁 까지 두려운 듯이 힘쓰고 힘쓰리.
積力之極 對越在天(적력지극 대월재천)	극진히 노력을 쌓으면 하늘의 존재와 대하리.

『포은집』 권3

사자성어의 의미

'서자여사(逝者如斯)'의 뜻은 '가는 것이 이와 같다'이다. 여기서 '이[斯]'가 지칭하는 것은 두 가지로 해석이 될 수 있다. 포은선생의 시를 통해서 본다면 '이[斯]'는 포괄적 의미를 띠고 있어 우주나 자연의 운행을 말한다. 한편『논어』〈자한(子罕)〉편에 나오는 '서자여사'라는 말을 고려한다면 '이[斯]'는 구체적 대상인 물[水]이 된다. 여기서는 물에 한정 지었지만 확대하면 천지의 조화나 순행을 말하는 것이므로 포은선생이 지칭하는 '이[斯]'와 상통한다고 볼 수 있다.

'서자여사'가 처음 언급된『논어』〈자한(子罕)〉편을 통해 '서자여사'가 의미하는 바가 무엇인지를 살펴볼 필요가 있다. 이 말은 공자가 물[水]을 보며 읊은 말이다. "공자께서 냇가에 서서 말씀하시길, 지나가는 것이 이와 같아서 밤낮으로 쉬지 않고 흘러가는구나.[子 在川上曰 逝者如斯夫 不舍晝夜]"라고 했다. 냇가에서 쉼없이 흘러가는 물을 보고 한 말이지만 여기에는 공자의 우주관·자연관·인생관

등이 담겨 있다.

공자는 쉼 없이 흐르는 물을 보고 천지의 변화를 본 것이다. 천지의 변화에 있어 가는 것은 지나가고 오는 것은 이어져서 한 순간의 그침도 있을 수 없다. 이것이 바로 도체(道體)의 본연이다. 하늘이 운행하여 그치지 않으니 우주만상의 생성 순환도 모두 도(道)와 더불어 이루어지는 것이다. 이런 까닭에 군자는 그것을 본받아 스스로 힘써 쉬지 않아 그 지극함에 이르러야 한다.

포은선생은 공자가 말한 '서자여사'의 의미를 정확하게 꿰뚫고 있다. 한 순간도 쉼이 없는 천리(天理)의 가르침을 통해 배움에 나가 그침이 없기를 권면하고 있다. 자강불식(自强不息) 즉 스스로 힘써 쉼 없이 극진히 노력하여 쌓아간다면 천리를 깨쳐 하늘과 같은 덕을 지닐 수 있게 된다.

현대인에게 주는 교훈

'서자여사'는 잠시도 쉬지 말고 나가라는 뜻이다. 이는 가고 오는 것이 계속되어 한 순간도 멈춤이 없는 도의 근본이자 천지의 조화를 말하는 것이다. 도체(道體)의 본연을 잘 드러낼 수 있는 대상이 냇물의 흐름만한 것이 없다. 그래서 공자는 냇가에서 물을 보며 밤낮을 가리지 않고 쉼 없이 흘러간다고 했다. 쉼 없이 흘러가는 물을 통해 그침 없는 천리 운행을 말하고 있다. 하늘이 운행을 그치지 않기 때문에 자연의 변화가 있으며, 사물 생성의 무궁한 변화가 있다.

포은선생은 공자의 '서자여사'가 지닌 본뜻을 척약재 김구용(金九容)을 기리기 위한 글인 명(銘)의 형식을 빌려 시를 지었다. 시의 내용으로 볼 때 척약재의 공적을 기리기 위한 목적보다는, 포은선생 자신의 훈계를 목적으로 지은 것으로 자신을 반성하는 잣대로 삼고자 한 데 있다. 자신의 경계에 대한 핵심 내용은 한마디로 '배움에 힘쓰고 성찰하기를 잠시라도 끊어짐이 없게 하라'이다.

하늘의 운행이 잠시라도 멈추게 될 때 삼라만상의 생성 순환도 일순간에 무너지게 된다. 그런 까닭에 잠시라도 멈출 수 없는 것이 도체(道體)의 본연이 되는 것이다. 이는 인간에게도 그대로 적용된다. 『근사록(近思錄)』에 "하늘이 사람에 명(命)한 것을 성(性)이라 하고, 그 성(性)을 그대로 쫓는 것을 도(道)"라고 했다. 인간은 하늘이 명을 통하여 부여한 본성을 잘 파악하고 발전시켜야 할 의무가 있다. 하늘이 사람에게 명한 성(性)을 어떻게 보전하느냐에 따라 선(善)과 악(惡)이 분리된다. 유자의 임무는 선(善)을 지켜 지극한 선의 세계로 나가는 데 있다. 선을 지키기 위해서는 자신을 삼가지 않으면 안 된다. 그래서 포은선생은 악의 길로 가는 것을 두려워하고 두려워하라고 했으며, 선의 길로 가는 데 힘쓰고 힘쓰라고 했다.

선의 길로 가는 데 있어 무작정 갈 수는 없다. 이정표가 필요한 것이다. 이정표는 다름 아닌 배움이다. 인간이 가야 할 바를 밝힌 공자·맹자의 가르침을 배워야 한다. 인간학(人間學)이라 할 수 있는 경전의 가르침을 배워 자기 수양이 이루어져야 한다. 이런 공부를 스스로 힘써 쉬지 않아 그 지극함에 이르게 될 때 천리와 마주하게 되는 것이다. 곧 하늘과 같은 덕(德)을 이루게 된다. 그러기 위해서는 배움에 용맹정진하여 잠시라도 그치는 일이 있어서는 안 된다.

理 學 之 祖

다스릴 이 **배울 학** **갈 지** **할아버지 조**

理 : 다스릴 (리). 도리 / (王 - 11획)   之 : 갈 (지). 어조사 / (丿 - 4획)
學 : 배울 (학) / (子 - 16획)   祖 : 할아버지 (조) / (示 - 10획)

[출처]

行狀(행장)

時經書至東方者唯朱子集註 而公講說發越 超出人意 聞者頗疑
及得雲峯胡氏四書通 與公所論 靡不脗合(시경서지동방자유주자집주 이공강
설발월 초출인의 문자파의 급득운봉호씨사서통 여공소론 미불문합)

諸儒尤加歎服 牧隱亟稱之曰 達可論理 橫說竪說 無非當理 推
爲東方 **理學之祖**.(제유우가탄복 목은극칭지왈 달가논리 횡설수설 무비당리 추위동방
이학지조)

[성균관을 새로 세운] 그때 동방에 들어온 경서는 『주자집주』뿐이었는데, 공
의 강설이 뛰어나 여느 사람의 생각을 초월하므로, 듣는 사람들이 자못 의심했
으나 운봉 호씨의 『사서통』을 얻어보니 공의 강론이 조금도 어긋남이 없더라. 선
비들이 더욱 탄복했는데 목은(이색)은 자주 칭찬하여 말하기를 "달가(정몽주)의
논리는 횡설수설이 이치에 맞지 않는 것이 없으니, 동방 이학의 시조로 추대한
다."고 했다.

『포은집』 권4

사자성어의 의미

'이학지조(理學之祖)'는 포은선생을 두고 자주 거론되는 말이다. '이학지조'는 이학(理學)의 시조라는 뜻인데, 이때 이학(理學)은 유학(儒學)에서 나온 것이다. 유학이 공자의 가르침을 근본으로 삼는 학문이었다면, 이학은 성리학(性理學)을 지칭하는 것으로 공자와 맹자를 도통(道通)으로 삼아 이기(理氣)와 심성(心性)을 철학적인 면에서 다룬 학문이다.

포은선생을 두고 '이학지조'라는 말을 처음으로 사용한 사람은 목은(牧隱) 이색(李穡)이다. 포은선생 〈행장〉[행장이란 죽은 사람의 행실을 간명하게 써서 보는 이로 하여금 죽은 사람을 직접 보는 것처럼 살펴볼 수 있도록 하는 것이다.]에 목은이 '동방이학지조(東方理學之祖)'라고 칭한 데서 연유한다. 목은 이색은 포은선생의 스승이라 할 수 있다. 포은선생이 과거에 급제한 후 그의 문하에서 가르침을 받았기에 스승과 제자의 관계로 볼 수 있다. 스승이 제자를 두고 이렇게 칭한다는 것은 그의 학문적 성과를 인정한 때문이다.

스승인 목은이 포은선생을 두고 이렇게 칭한 데는 이유가 있다. 당시 성균관을 새로 짓고 포은선생이 경서를 강론하는데 어느 누구도 경서를 정확하게 이해하지 못해 의문을 품었다. 의문의 해결은 나중에 수입된 호병문(胡炳文)의『사서통』을 접하자 자연스레 풀리게 되었다.『사서통』의 내용과 포은선생의 강론 내용이 정확하게 일치했던 것이다. 그런 까닭에 목은은 "포은의 논리가 이치에 맞지 않음이 없다"고 하여 그의 학문적 깊이와 식견을 인정하여 높이 칭찬하였다. 목은은 그의 시에서도 "독구유편속부전(獨究遺篇續不傳)"이라 하여 성리학을 깊이 연구하여 동방에 이학을 이은 이는 유일하게 포은선생뿐이라고 했다. 포은선생은 새로운 시대의 학문을 개창(開倉)하는 선구적 역할을 했을 뿐만 아니라 학문적 성취를 이루어 사표(師表)의 역할을 담당했다.

현대인에게 주는 교훈

'이학(理學)' 즉 성리학이 우리나라에 들어온 것은 충렬왕을 호종하여 원나라에 갔던 안향(安珦)이『주자전서(朱子全書)』를 가져와 연구하기 시작한 데서 비롯되었다. 안향이 성리학을 도입했다는 점에서 종조(宗祖)라 불리긴 하지만, 우리나라 성리학의 학문적 시조이면서 연원(淵源)이 된 이는 포은선생이다. 포은선생을 조선사상사에서 차지하는 위치를 가늠할 수 있는 내용이『왕조실록』선조 권1에 있다. 내용을 정리하면 다음과 같다.

고려 말기에 정몽주는 충효의 큰 절의가 있고, 정자와 주자의 학문을 배워 동방 이학의 조종이 되었는데, 불행하게도 고려가 망하려는 때를 당하여 살신성인(殺身成仁) 하였습니다. 우리 왕조에 들어와서 정몽주의 학문을 전수하여

익힌 사람은 김종직으로, … 또 김굉필이 있는데 김종직의 제자입니다. … 조광조도 김굉필의 제자인데 독실한 공부가 있어 세상의 도를 구하려 하고, 이욕의 근원을 막으려 했습니다.

이 내용은 성리학의 도통(道統 – 도학을 전통하는 계통)을 보여주고 있다. 성리학의 도통을 정몽주에 두고 길재 → 김숙자 → 김종직 → 김굉필 → 조광조 순으로 잇고 있다. 선조실록에는 포은선생을 정자(程子)와 주학(朱學)의 학문인 이학을 이어받은 '동방이학지조(東方理學之祖)'로 삼고 있다. 그를 연원으로 하여 학맥이 전수되어 도학의 도통(道統)이 이루어졌다. 퇴계 선생도 〈임고서원(臨皐書院)〉이란 시에서 "포은의 거센 바람 우리나라에 떨치니, 사당도 학궁도 우람하고 그윽하네. 공부하는 모든 선비에게 말하노니, 연원과 절의 둘 다 으뜸이 될 만하네."라고 했다.

포은선생을 '이학지조'라고 한 것은 선생의 학문적 성취에서 비롯되었다. 정도전은 이단(異端 – 여기서는 불교를 지칭)이 날로 성하는 시대에 포은선생은 학술이 바르게 닦이고 덕(德)과 위(位)가 뛰어나 이단을 물리칠 수 있는 인물로 추앙했다. 특히 사서오경과 같은 유학의 기본적 경전들을 중시하여 경서의 도를 밝히고 도를 전하는 데 뜻을 두었다. 앞의 일화처럼 성균관 박사로 유교 경전을 강의하던 시절에 보여주었던 경전의 정확한 해석은 그의 학문적 편폭을 보여주는 예가 될 수 있다.

포은선생은 유가의 도를 일상생활에서 항상 행하는 도리로 규정하고 있다. 유가의 도는 일상생활을 영위하는 실천윤리로 사람들이 공통적으로 행하는 도리이다. 그런 까닭에 불교의 가르침처럼 친척을 버리고 남녀관계를 끊으며 홀로 바위굴 속에 앉아 풀로 옷을 해 입고 나무를 먹으며 공(空 – 실체를 부정하는 말)을 보아 적멸(寂滅 – 번뇌의 경지를 벗어나 생사의 괴로움을 끊음)을 추구하는 데 종지(宗旨 – 중심이 되는 가르침)로 삼는 것을 비판하였다.[포은집, 속록 권1]

포은선생은 불교가 인간의 사회현실을 외면하고 공적과 멸적을 추구하는 세계 지향을 비판하고 있다. 불교가 비현실성을 추구하는 세계라면 유교는 현실의 일상적 삶을 추구하는 세계이다. 일상적 삶에는 지극한 이치가 있다. 즉 인의예지(仁義禮智)와 오륜(五倫-부자유친, 군신유의, 부부유별, 장유유서, 붕우유신)과 같은 실천윤리적인 도가 일상생활에 존재한다. 그런 까닭에 평상적인 인간의 현실생활이 도의 과정이 되는 것이다.

포은선생은 현실을 벗어나 진여(眞如-불가에서 말하는 절대 진리)의 세계를 추구하는 것은 진리를 찾는 올바른 자세가 되지 못한다고 비판하였다. 일상생활을 통해 인간이 가야 할 바른 도리를 추구하고 실천하는 것이 유학적 가치관이다. 포은선생은 유가경전의 깨침을 통해 새로운 시대의 사상적 기반을 마련하였고, 강상(綱常-사람이 지켜야할 도리)의 의리를 실천하신 분이다. 그런 까닭에 '이학지조'로서 한국유학사상사에 우뚝한 위치에 자리하고 있는 것이다.

懸 空 譚 妙

마디 **현**　　스스로 **공**　　이 **담**　　곧을 **묘**

懸 : 매달 (현) / (心 – 20획)　　譚 : 이야기 (담) / (言 – 19획)
空 : 빌 (공) / (穴 – 8획)　　妙 : 묘할 (묘) / (女 – 7획)

[출처]

幻庵卷子(환암권자) 환암의 두루마리

鉅細紛萬殊(거세분만수)	크고 작음이 어지러이 만 가지로 다르지만,
粲然斯有理(찬연사유리)	찬연하게 여기에 이치가 있네.
處之苟臻極(처지구진극)	처하기를 진실로 지극히 하기만 하면,
物我無表裏(물아무표리)	만물과 내가 구분이 없어지네.
浮屠異於此(부도이어차)	불교는 이와 다르니,
懸空譚妙旨(현공담묘지)	공허한 가운데 묘한 뜻을 말하네.
一切歸幻妄(일절귀환망)	모두가 덧없는 데로 돌아가니,
君父失所止(군부실소지)	임금과 아버지가 머물 곳을 잃었네.
自是千百年(자시천백년)	이로부터 천백 년 내려오니,
議論竟蠭起(의논경봉기)	논의가 마침내 벌떼처럼 일어나네.
上人虛心者(상인허심자)	상인은 마음을 비운 자이니,
願與求正是(원여구정시)	바라건대 더불어 올바른 것을 구하라.

『포은집』 권2

사자성어의 의미

'현공담묘(懸空譚妙)'에서 '현공'의 사전적 의미는 공중에 걸침이고, '담묘'는 묘함을 이야기하는 것이다. 따라서 '현공담묘'는 공허한 가운데 오묘한 뜻을 말한다는 의미이다. 이는 불교의 공사상(空思想)을 비판하기 위해 사용한 시구이므로 불교의 공사상에 대해 이해할 필요가 있다.

불교의 공사상은 현상계의 존재에 대한 집착인 유(有)의 고정관념을 타파하는 것으로, 어떤 정해진 실체가 없으며 그 본질은 비어있다는 가르침이다. 즉 현상계는 여러 인연이 화합한 존재일 뿐이므로 모든 현상은 일시적 화합에 불과하여 어느 것도 영구불변하는 실체가 없다는 것이다.

불교의 공사상에 대해 유가(儒家)는 이일분수(理一分殊)의 성리학 이론을 근거로 비판하고 있다. 유가는 모든 사물의 개별적인 이(理)는 보편적인 하나의 이(理)와 동일한 것으로 보고 있다. 즉 모든 사물은 하나의 이치[이일(理一)]을 지니

고 있으나 개개의 사물·현상은 상황에 따라 그 이치가 다르게 나타나고[분수(分殊)] 있다. 따라서 유가가 바라보는 현상계는 개별 존재마다 각각의 이(理)를 지닌 실체들로 구성된 것이다.

현상계에 대한 사유의 근본적 차이로 인해 유가(儒家)는 불가(佛家)를 비판적으로 볼 수밖에 없다. 일체의 세계를 실재성이 없는 환망(幻妄)으로 보고 있는 불가는 유가의 입장에서 볼 때 현실 세계를 부정하는 셈이 된다. 인간의 삶을 충실하게 하는 데 힘쓰기를 강조하는 유가로서는 현실 세계를 허깨비로 보는 불가를 비판할 수밖에 없다. 그런 점에서 '현공담묘'는 불가에 대한 포은선생의 비판적 시각을 보여주는 말이다.

현대인에게 주는 교훈

고려말은 원명의 교체에 따른 정치적 변혁기일 뿐만 아니라 성리학의 전래와 보급에 따른 사상적·학문적 전환기이다. 시 〈환암권자〉는 고려말 유학의 종장(宗匠)이었던 포은선생이 불교에 대한 교리적 측면에 대한 비판적 시각을 유(儒)·불(佛)을 대비하여 비판한 것이다.

시의 첫 구에서 성리학의 '이일분수(理一分殊)'의 논리를 밝히는 것으로 시작하고 있다. "거세분만수(鉅細紛萬殊)" 즉 '크고 작음이 어지러이 만 가지로 다르다'라는 시구는 바로 이일분수를 말한다. 이일분수는 모든 사물의 개별적인 이(理)는 보편적인 하나의 이(理)와 동일하다는 이론이다. 모든 사물은 하나의 이(理), 즉 이일(理一)로서 통체(統體, whole)의 일태극(一太極)이며, 개개의 사물에 내재해 있는 개별적 이(理), 즉 성(性)은 분수(分殊)로서 개별적으로 갖춘 일태극[各有一太極]이다. 따라서 이일분수는 세계를 관철하는 보편적인 원리와 개별적 원리 사이에 일치성이 있다는 성리학적 이론이다.

그런 점에서 1,2구는 바로 이일분수에 대한 언급이다. 하나의 보편적인 이 (理)가 만 가지나 되는 개별적 존재로 나누어지지만 여기에는 통체적 이(理)가 개 별적 사물에 따라 각각의 이(理)로 분화되어 있음을 말하고 있다. 1,2구가 이일 (理一)인 보편적 원리와 분수(分殊)인 개별적 원리 사이의 일치성을 말했다면, 3,4 구는 개별적 원리인 분수(分殊)와 보편적 원리인 이일(理一) 사이의 일치성을 말 한 것이다. 즉 나와 사물은 각각의 이(理)를 지니고 있지만 이것은 이일(理一)의 보편적 원리에서 분화된 것이므로, 그 근원에서 본다면 하나의 이(理)에서 시작 된 것이다. 따라서 사물과 내가 표리(表裏)의 관계인 것처럼 보이지만 실상 그 이 (理)는 하나로 귀결되는 것이다.

5~8구는 현실세계를 부정하는 불교의 이론에 대한 비판이다. 먼저 불교는 성리학의 이론과 다르다는 전제를 들고 시작한다. 그 근거가 '현공담묘지(懸空譚 妙旨)'이다. 공허한 가운데 묘한 뜻을 말한다는 것이 불교의 이론이다. '현공'은 '공'사상을 근거로 묘한 진리를 논하는 것이다. '공'은 현상계의 존재에 대한 집착 인 유(有)의 고정관념을 타파한다. '있음'은 존재이며 실체가 될 수 있다. 불교에 서 말한 '있음'은 독자적·개별적 존재로서의 '있음'이 아니라 연기(緣起-현상은 무 수한 원인과 조건이 서로 관계해서 성립하는 것)의 이치에 따라 상호관련 속에서 변하 면서 임시로 그렇게 존재하는 것에 불과하다. 그런 까닭에 현상적 실체는 그 어 느 것도 영구불변하는 것이 없게 된다. 이에 대해 포은선생은 '일체귀환망(一切 歸幻妄)'이라 하여 현상계의 모든 실체들을 환망, 즉 허깨비나 덧없는 것으로 보 는 불교의 이론을 정면으로 비판하고 있다. '환망'은 현상계의 모든 것을 부정하 는 셈이 되므로 인륜과 강상(綱常)은 무너질 수밖에 없다는 현실적 문제점을 들 어 비판의 근거를 제시하였다.

9~12구는 포은선생이 환암에게 불가를 놓아두고 유가의 올바른 도를 깨치 기를 권하는 내용이다. 유도의 길을 권함에 있어 유·불의 이론이 지닌 시비(是 非)를 근거로 권할 뿐 일방적인 강요를 하지 않고 있다. 포은선생은 사유체계를 달리한 상대를 설득하는 데 있어 이론의 무장과 존중의 마음을 전제로 하고 있

다. 유·불의 이론을 논하는 데 있어서는 논리적 치밀성을 근거로 날카롭게 비판을 하면서도, 권도(勸導)하는 데 있어서는 존중의 예를 갖추어 말하고 있다. 그런 점에서 포은선생은 상대가 비록 자신과 대(對)가 되는 길을 가는 자일지라도 상대에 대한 예를 갖추고 자신의 논리에 이론적 근거를 바탕으로 설득하고 있음을 볼 수 있다. 상대에 대한 배려나 주장에 대한 근거가 없이 일방적인 강요만을 요구할 때 반감을 사게 되고 소통은 더 이상 이루어질 수 없게 된다. 이 시는 포은선생의 학문적·인격적 수양이 어떻게 상대를 설득하는지를 보여주는 좋은 예가 될 수 있다.

자신의 생각만이 옳다고 목소리를 높이는 시대에 살고 있다. 자신을 숨기기보다는 드러내는 시대임을 고려한다면 자기 목소리를 내는 것은 정당하다. 그러나 그 정당성에는 상대의 이해가 요구된다. 상대가 동의할 수 없는 주장이라면 독선이자 상대에 대한 강압이다. 특히 이런 모습은 여의도 정가(政街) 쪽에서 자주 목격한다. 자신의 목소리를 관철하기 위해 때로는 폭력까지 불사하는 볼쌍사나운 모습을 보게 된다. 상대를 이해하고 배려하는 마음이 전제가 되어야 한다. 그런 가운데 자신의 논리나 주장을 정당한 근거 위에서 펼쳐야 한다. 정당한 목소리, 올곧은 목소리가 난무(?)해지는 것은 행복한 어지러움이 아닐까?

湖 中 觀 魚

| 湖수 **호** | 가운데 **중** | 볼 **관** | 물고기 **어** |

湖 : 호수 (호) / (氵 − 12획) 觀 : 볼 (관) / (見 − 25획)
中 : 가운데 (중) / (丨 − 4획) 魚 : 물고기 (어) / (魚 − 11획)

[출처]

湖中觀魚(호중관어) 호수 속의 고기를 보며

潛在深淵或躍如(잠재심연혹약여) 깊은 연못에 잠겼다 혹 뛰어오르니,

子思何取著于書(자사하취저우서) 자사는 무엇을 취하여 책에다 썼는가.

但將眼孔分明見(단장안공분명견) 단지 눈을 뜨고 분명히 봐야 할 것은,

物物眞成潑潑魚(물물진성발발어) 사물마다 모두 생기 발발한 물고기라네.

魚應非我我非魚(어응비아아비어) 물고기도 나 아니고 나도 물고기 아니니,

物理參差本不齊(물리참차본부제) 사물의 이치 들쑥날쑥 본래 가지런하지
않네.

一卷莊生濠上論(일권장생호상론) 한 권의 장자 책은 호상의 논리이니,

至今千載使人迷(지금천재사인미) 천 년 후 지금까지 사람을 미혹하네.

『포은집』권1

사자성어의 의미

'호중관어(湖中觀魚)'는 호수 속의 물고기를 바라본다는 뜻이다. 물고기가 호수에서 헤엄치며 때로는 뛰어오르는 것을 볼 때, 이를 어떻게 받아들이느냐에 따라 그 풍경에 대한 이해는 다른 양상을 보이게 된다. 바라보는 이[관자(觀者)]가 헤엄치며 뛰어오르는 물고기를 단순한 풍경으로 바라보느냐, 그렇지 않으면 관자의 내적 정신세계와 결합한 풍경으로 바라보느냐에 따라 판이한 차원을 보이게 된다.

시 〈호중관어〉에서는 물고기를 바라보는 관점을 두 가지 측면에서 말하고 있다. 첫 수의 물고기는 『시경』 〈한록(旱麓)〉편의 '연비려천 어약우연(鳶飛戾天 魚躍于淵)'에서 인용한 것으로 유가적 관점에서 바라본 것이다. 이에 반해 둘째 수의 물고기는 『장자』 〈추수(秋水)〉편에 나오는 장자와 혜자의 대화에서 인용한 것으로 도가적 관점을 보여주고 있다.

유가에서 말하는 '고기가 못에서 뛰어 오른다[어약우연(魚躍于淵)]'는 물고기가 약동하는 모습을 그리기 위한 단순 풍경으로 보아서는 안 된다. 여기에는 관자의 내적 정신이 투영된 풍경이다. 뛰어오르는 물고기를 바라보는 관자의 내면에는 물고기와 자신과의 아무런 갈등이 존재하지 않게 된다. 외적 대상인 물고기와 더불어 관자는 약동적 일체감을 지니게 된다. 물고기가 물속에서 헤엄치며 뛰어오르는 것은 자연의 섭리이자 조화이다. 관자는 자연의 섭리에 순응하며 살아가는 물고기를 통해 우주의 심원한 질서를 이해하게 되는 것이다.

도가에서는 물고기를 바라보며 나눈 장자와 혜자의 대화를 통해 사물에 대한 그들의 인식세계를 읽을 수 있다. 그들의 대화를 간추려 보면 이러하다. 장자와 혜자가 호숫가에서 노닐다가 장자가 물속에 노니는 물고기를 보며 '저것이 물고기의 즐거움이다'라고 하자, 혜자가 반박하기를 '그대가 물고기가 아닌데 어찌 물고기의 즐거움을 아는가?'라고 했다. 이에 장자가 다시 '그대는 내가 아닌데 어찌 내가 물고기의 즐거움을 알지 못하는 것을 아는가?' 하고 되물었다. 이들의 대화를 통해서 장자는 논리학적 근거를 넘어 망아(忘我-자신을 잊어버림)를 통한 정신적 자유를 지향하고 있음을 알 수 있다.

물속을 헤엄치는 물고기를 보면서 생각의 기준을 어디에 두느냐에 따라 물고기는 다르게 이해될 수 있다. 시 〈호중관어〉는 '어약우연(魚躍于淵)'을 '지어지락(知魚之樂 – 물고기의 즐거움을 안다)'과 비교하여 유·도의 사상적 핵심을 밝히고 있다. 즉 우주의 심원한 질서에 대한 원리의 깨침이냐, 자신을 잊고 자연에 순응하는 자유로움이냐에 대한 물음이 된다. 포은선생은 이 시에서 유가의 우주적 원리를 들어 도가의 사유체계를 비판하고 있다.

현대인에게 주는 교훈

시 〈호중관어〉의 두 수는 유가적 가치 기준을 제시하여 도가적 사유체계에 대한 비판을 담고 있다. 첫 수는『중용』12장에서『시경』〈한록〉장의 '연비려천 어약우연(鳶飛戾天 魚躍于淵)'을 인용한 것이고, 둘째 수는『장자』〈추수(秋水)〉편의 '지어지락(知魚之樂)'을 인용한 것이다.

포은선생은 첫 수에서 '어약우연'을 제시하여 시상(詩想)을 열고 있다. '어약우연'을 받아 자사(子思)가 왜 이 구절을『중용』에 수록했는지를 묻고 있다. 그 이유를 4구 "물물진성발발어(物物眞成潑潑魚 – 사물마다 모두 생기 발발한 물고기라네)"에서 밝히고 있다. 포은선생은 '어약우연'을 통해 유가의 핵심적 가치를 말했다. 물고기가 물속에서 헤엄치고 뛰어오르는 것은 당연한 이치이며 자연의 섭리이다. 여기에는 성리학의 소당연(所當然)과 소이연(所以然)의 원리가 깔려 있다.

소당연은 우주만물이 마땅히 그래야 하고, 또 그럴 수밖에 없는 존재론적·윤리적 원리이다. '물고기가 못에서 뛰어오른다'를 소당연의 관점에서 본다면, 물고기는 물 없이 살아갈 수 없다. 그러므로 물은 물고기에게 당연한 것이 되며 그렇게 살아가는 것이 소당연의 의미가 된다. 소이연은 소당연의 법칙이 눈앞에 펼쳐진 근본적인 까닭을 의미한다. 물고기가 물에서 헤엄치고 뛰어오르는 것이 소당연이라면, 왜 헤엄을 치고 뛰어오르는지에 대한 근본적 이유가 소이연이다. 따라서 연못에서 뛰어오르는 물고기를 보면서 그 자체만을 보아서는 안 된다는 것이다. 약어(躍魚)를 통해 우주가 활발하게 움직이는 이치를 깨달아야 한다는 것이 포은선생이 말하고자 하는 핵심이 된다.

둘째 수는 호량지상(濠梁之上)에서 이루어진 장자와 혜자의 대화를 근거로, 궤변을 늘어놓아 사람을 미혹케 하는 장자를 비판하고 있다. 첫 구 "어응비아아비어(魚應非我我非魚 – 물고기도 나 아니고 나도 물고기 아니네)"는 장자와 혜자의 호상(濠上)논쟁을 염두에 두고 한 말이다. 장자는 자신의 마음에 미루어 물고기의 마음을 알 수 있다고 하여 물아(物我)의 구분을 두지 않고 있다. 이에 대해 포은선생은 물고기와 사람은 각기 다른 존재이므로 그것이 지닌 이치 또한 각각 다를 수밖에 없다는 논리를 펴고 있다. 따라서 물고기가 즐거워하는가의 여부를 따질 것이 아니라 물고기를 통해 자연의 이치를 깨닫는 것이 더 중요하다는 것을 말하고 있다. 둘째 구인 "물리참차본부제(物理參差本不齊 – 사물의 이치 들쑥날쑥 본래 가지런하지 않네)"는 장자의 만물에 대한 인식을 비판한 것이다. 장자의 관점은 현상은 모든 연관성을 갖는 하나의 전체이므로 만물은 모두 하나라는 데 있다. 장자의 이런 관점은 분수(分殊)에 의한 개별적 이(理)를 부정하는 셈이 된다. 비록 이일(理一)에 의해 분화된 이(理)이지만 분수된 이(理)는 각각의 이(理)를 지니게 된다. 만약 개별적 이(理)를 부정하면 만물의 개성이나 시비·선악의 윤리적 구별조차 그 근거를 상실하는 결과를 가져온다는 점을 들어 장자의 만물평등론을 비판하였다.

포은선생은 『장자』의 호상론이나 〈제물론〉에 나오는 만물평등론이 그럴 듯한 논리를 갖추고 있어 지금까지도 사람을 현혹시키고 있다고 비판하면서 결론을 맺었다. 포은선생이 보여준 장자에 대한 비판은 사적 차원에서 이루어진 것이 아니다. 비판은 그 객관적 정당성을 확보할 때 비판으로서의 기능을 하게 된다. 포은선생이 보여준 장자에 대한 비판은 『중용』의 구절을 제시하여 성리학적 이론을 근거로 장자의 핵심 사상이 지닌 문제점을 밝혔다. 그런 점에서 〈호중관어〉는 가치를 달리한 장자의 사상을 유가적 관점에서 논리적으로 비판한 것이다. 비판으로서의 정당한 기능이 무엇인지를 〈호중관어〉를 통해 보여주고 있다. 비판을 위한 비판이 되어서는 안 된다.

湯銘日新

豪爽卓越

이렇게
살아라

5

豪 爽 卓 越

호걸 **호**　　　시원할 **상**　　　높을 **탁**　　　넘을 **월**

豪 : 호걸 (호). 빼어나다 / (豕 − 14획)　　　卓 : 높을 (탁). 뛰어나다 / (十 − 8획)
爽 : 시원할 (상). 호쾌하다 / (爻 − 11획)　　　越 : 넘을 (월). 부들자리 (활) / (走 − 12획)

[출처]

圃隱詩卷序(포은시권서)

　請序于予 敬受而讀之 平日豪爽卓越之氣象 彷彿乎心目 可勝嘆哉(청서우여 경수이독지 평일호상탁월지기상 방불호심목 가승탄재)

　其詩之豪逸秀發者 諸賢之序 鋪叙已盡 非拙筆所敢贅論也.(기시지호일수발자 제현지서 포서이진 비졸필소감췌논야)

　나(박신)에게 서문을 청하기에, 공경이 받아서 읽어보니 평일의 호상하고 탁월한 기상이 마음과 눈에서 보는 듯하니 감탄을 금할 수 없다. 시의 호방하고 빼어남은 제현의 서문에서 이미 극진하게 펼쳤으니 나 같은 졸필이 군말을 덧붙일 바가 못 된다.

　『포은집』 권수(卷首)

사자성어의 의미

'호상탁월(豪爽卓越)'에서 '호상'은 호탕하고 시원시원함을 뜻한다. '탁월'은 남들보다 두드러지게 뛰어남을 말한다. 박신(朴信)은 포은선생의 시집 서문을 청탁받아 경건한 마음으로 읽고는 선생의 기상을 한마디로 '호상탁월'하다고 평했다. '호상'과 '탁월'을 떼어서 말해도 좋지만 호상한 기운이 탁월하다고 풀이해도 좋다. 따라서 포은선생의 시에는 호상한 기상이 탁월하다는 평(評)을 내릴 수있다.

시(詩)는 시인의 정신세계나 자연·사회의 여러 현상에서 느낀 감동이나 생각을 운율의 간결한 언어로 표현하는 문학형태로 정의할 수 있다. 따라서 시인의의식이나 정서가 투영된 시를 읽는 독자는 시인이 담아놓은 의식세계를 이해할수 있는데, 여기서 시인 고유의 풍격(風格)을 파악할 수 있게 된다. 즉 시를 통해 시인의 고상하고 아름다운 면모인 풍격을 이해할 수 있다는 것이다.

　포은선생의 글을 두고 호상한 기상을 지녔다는 평이 지배적이다. 이러한 평은 박신 한 사람에 그치지 않고 있다. 노수신(盧守愼)은 "포은선생의 시 302편이 세상에 유행하는데 이를 음미해보니, 호일(豪逸)하고 아건(雅健)하며 웅심(雄深)하고 화후(和厚)하다"라고 했다. '호일·아건·웅심'은 호상과 통하는 말이다. '호일'은 호탕하여 거리낌이 없는 것을 말하고, '아건'은 품위가 있고 기운차다는 의미이며, '웅심'은 그 뜻이 웅대하고 깊다는 뜻이다.

　권채(權採)도 포은선생의 글을 두고 이와 유사하게 평하고 있다. '마음에 존양(存養)한 것이 이와 같기 때문에 문장으로 표현된 것은 웅심(雄深)하고 아건(雅健)하며 혼후(渾厚)하고 화평(和平)하다'고 했다. 이처럼 포은선생의 시에는 호상한 기운을 많이 내포하고 있는데, 이는 포은선생의 평소 기상이 시에 투영된 때문이다. 고려말의 격변기를 온몸으로 부딪쳐 나가는 상황에서 웅혼한 기상이 없다면 명나라와 일본과의 심각한 현안 문제를 과감하게 풀어 헤칠 수 없었을 것이다. 사사로움에 얽매이지 않는 호상·호일한 기운이 있는 까닭에 난세에도 자신의 의리와 절개를 굽히지 않고 대의를 위해 과감하게 행보할 수 있었다.

현대인에게 주는 교훈

　그릇은 각각의 모양과 크기를 지니고 있다. 제 크기를 채울 수 없는 그릇이 있는가 하면 제 크기를 넘어 담을 수가 없는 그릇도 있다. 각양각색의 그릇은 제각기의 용도와 쓰임새를 지니고 있다. 사람도 그릇과 비슷하다. 사람의 됨됨이나 마음 씀씀이를 그릇에 비유한다. 다만 그릇이 이미 정형화된 것이라면 사람은 그 용량과 크기를 바꿀 수 있는 가변성을 지녔다는 데 차이가 있다. 그렇다고 해서 사람의 그릇을 하루아침에 고치거나 바꾸기에는 무리가 따른다. 지금 나의 모습은 지난 삶의 과정을 통해 조금씩 만들어져 지금의 그릇 모양으로 완성된 때문이다.

　인간에 있어 그릇은 인품이나 인성으로 바꾸어 말할 수 있다. 인간은 타고난 그릇이 있고 자신이 만들어 가는 그릇이 있다. 전자를 선천적 그릇이라고 하고 후자를 후천적 그릇이라고 할 수 있다. 선천적 그릇이 있기 때문에, 인간의 그릇을 결정론으로 단정 지어서는 안 된다. 타고난 그릇에 무엇을 담고 어떻게 활용하는가가 더 중요한 일이다. 그런 까닭에 어떤 삶의 그릇을 만들 것인지, 그 크기는 어느 정도로 해야 할 것인지는 순전히 자신의 몫이 된다.

　포은선생의 인품을 두고 제현(諸賢)들은 하나같이 '호(豪)'를 넣어 '호상(豪爽)·호기(豪氣)·호방(豪放)·호일(豪逸)'하다고 평했다. 이런 평들로 볼 때 포은선생의 그릇은 작고 사사로운 것에 얽매이지 않는 호상한 의기(義氣)를 지닌 통 큰 그릇이었음을 알 수 있다. 이는 대인(大人)의 면모를 지닌 그릇이다. 호상한 의기는 개인적 욕망이나 사사로운 물욕에 치우치지 않는다. 일신의 영달만을 추구하고 이익을 다투어 그릇에 담으려고 하는 소인들과는 다르다. 대인은 도의(道義)를, 충성과 신의를, 명예와 절개를 소중히 여겨 그 그릇에 차곡차곡 채워 넣는다. 그래서 명예와 절개를 아끼고, 도의를 지키고, 충성과 신의로 행하는 것이다.

　포은선생의 '호상'은 호연지기(浩然之氣)와 통한다. 호연지기는 지극히 크고 강하며 바른 기운인데, 올곧게 기르고 상하게 하지 않아야 천지 사이를 가득 채울 수 있다. 이런 지강지대(至剛至大)한 기운을 사람에게 온전히 채우기 위해서는 의(義)를 통해서 쌓아야 한다. 의(義)와 도(道)에 합치될 때 호연지기는 온전히 펼쳐질 수 있다. 포은선생의 호상탁월한 기상은 도의(道義)가 합치된 호연지기로 볼 수 있다. 포은선생의 큰 그릇에 채워진 호상탁월한 기상이나 호연지기는 위기에 빠진 고려를 구원하기 위한 웅혼한 기개로 드러났으며, 꺼져가는 고려의 혼을 마지막까지 부여잡는 충직과 절의로 화한 것이다.

　아래 내용은 『고려사』 「정몽주 열전」에 나오는 것으로, 포은선생의 품성과 기개를 보여주고 있어 제시한다.

포은은 천품이 지극히 고상하고, 호매(豪邁-성격이 호탕하고 인품이 뛰어남)하기가 여느 사람보다 뛰어났으며, 충효의 큰 절개가 있다. 젊어서부터 학문을 좋아하여 게을리하지 않았으며, 성리를 연구하여 얻은 것이 매우 많았다. 태조가 평소에 존중하여 대장으로 출정할 때마다 반드시 함께 갔고, 자주 천거하여 함께 재상에 올랐다. 그때는 국가에 일이 많아서 중요한 사건이 자주 발생하였는데, 포은은 큰 일을 처리하고 큰 의혹을 결단하면서 음성과 안색을 동요하지 않고 좌우로 응답하는 것이 모두 적당하였다.

愛 花 周 氏

사랑 **애**   꽃 **화**   두루 **주**   각시 **씨**

愛 : 사랑 (애). 사랑하다 / (心 – 13획)   周 : 두루 (주). 골고루 미치다 / (口 – 8획)
花 : 꽃 (화). 꽃이 피다 / (艹 – 8획)   氏 : 각시 (씨). 성 / (氏 – 4획)

[출처]

食藕(식우) 연뿌리를 먹다

味甜如蜜涼如雪(미첨여밀량여설)	맛은 달아 꿀이요 서늘하기 눈 같으니,
采采終朝出碧池(채채종조출벽지)	아침나절 캐고 캐어 푸른 못에 나왔구나.
錯落滿盤堆玉質(착락만반퇴옥질)	소반에 가득하니 옥의 자질 무더기요,
飄搖迎刃散銀絲(표요영인산은사)	하늘하늘 칼날 받아 은실을 날리누나.
愛花周氏曾留說(애화주씨증류설)	연꽃 사랑한 주씨는 일찍이 애련설 남겼으니,
種實韓公亦有詩(종실한공역유시)	종자 심은 한공 역시 시를 남겼더라.
愧我久爲糊口者(괴아구위호구자)	연뿌리 먹는 것으로만 여긴 자신이 부끄러우니,
唯知咀嚼豈非癡(유지저작기비치)	씹어서만 아니 어찌 어리석지 않겠는가.

『포은집』 권1

사자성어의 의미

'애화주씨(愛花周氏)'를 글자 그대로 풀이하면, '꽃을 사랑하는 주씨'이다. 여기서 말하는 꽃은 연꽃을 의미하며, 주씨는 중국 송나라 때 철학자인 염계(濂溪) 주돈이(周敦頤, 1017~1073)를 지칭한다. 주돈이는 만년에 여산(廬山) 기슭의 염계서당(濂溪書堂)으로 은퇴하였기 때문에 문인들이 염계 선생이라 불렀다. 도가사상(道家思想)의 영향을 받았지만 주자학의 기본적인 틀인 『태극도설』을 지어 새로운 유교이론을 창시함으로써 도학(道學, 朱子學)의 선구자 역할을 했다.

주돈이를 꽃과 연계할 경우 연꽃과 관련지우는 까닭은 그의 글 중에 〈애련설(愛蓮說)〉이 유명하기 때문이다. 그가 유독 연꽃만을 사랑하는 데는 이유가 있다. 〈애련설〉에서 다음과 같이 말하고 있다. "연꽃이 진흙탕 속에서 나왔으나 더러움에 물들지 않고, 맑고 잔잔한 물에 씻겨도 요염하지 않고, 속은 비었으나 밖은 곧으며, 넝쿨은 뻗지 않고 가치를 치지 않는다."고 했다. 주돈이는 연꽃을 인간 속세의 더러움에 물들지 않고, 결백하게 홀로 치우침이 없이 곧고 올바른

중정(中正)의 길을 걷는 군자에 견주었다.

　포은선생이 연뿌리를 먹으면서 그 맛에 취해 연꽃이 지닌 군자의 덕을 헤아리지 못한 데 대해 부끄러운 마음을 보여주고 있다. 연꽃의 군자적 면모를 사랑한 주돈이나 군자화를 두고 싶어 연꽃 종자를 얻어 심고 이를 감상하고 자신을 경계한 한유(韓愈)를 생각할 때 포은선생은 부끄러움을 느낀 것이다. 포은선생은 연꽃이 지닌 군자적 본질을 헤아리지 못하고 연뿌리가 주는 맛에 취해 입의 즐거움만 느낀 것에 대해 반성하고 있다.

현대인에게 주는 교훈

　포은선생의 시 〈식우〉는 우리들에게 생각할 거리를 많이 던져주고 있다. 맛있는 음식을 대할 때 우리는 식재료가 주는 맛을 음미하고 그 맛을 평가하는 것에 그친다. 맛이 달다거나 매콤하다거나 새콤하다는 식으로 자신의 입맛에 따라 평가한다. 포은선생도 연뿌리를 먹으면서, 맛이 달기가 꿀과 같고 시원하기가 눈과 같다고 말하고 있어 여느 사람과 다르지 않는 품평을 하고 있다. 그러나 연(蓮)이 지닌 품성을 상기하고는 외연에 빠진 자신을 되돌아보게 된다.

　연뿌리를 먹으면서 주돈이가 지은 〈애련설(愛蓮說)〉을 떠올리며 연(蓮)의 본질을 생각하게 된다. 누구나 좋아하는 꽃이 있고 그 꽃을 좋아하는 이유가 있다. 장미를 좋아하는 사람, 튤립을 좋아하는 사람, 백일홍을 좋아하는 사람 등 사람의 기호에 따라 선호하는 꽃도 다양하다. 꽃말을 알고 좋아하는 경우도 있고 단지 드러난 아름다움 때문에 좋아하는 사람도 있다. 주돈이는 그렇게 많은 꽃 중에 유독 연꽃을 좋아했다. 혹 연꽃을 좋아하는 사람이 있다면 왜 좋아하는지 자신에게 물음을 던져보는 것도 좋다.

　그렇다면 왜 주돈이는 연꽃을 좋아했을까? 연못 위에 소담하고 청초하게 피어있기 때문일까. 꽃의 색이 깨끗하고 고와서일까. 꽃말처럼 '청결, 신성, 아름다움' 때문일까. 우리는 꽃을 볼 때 주로 외면의 아름다움에 현혹되어 좋아하게 있다. 그러나 주돈이가 연꽃을 사랑한 데는 연꽃이 보여주는 외면의 아름다움 때문이 아니라 연꽃이 지닌 품성이 군자와 닮았기 때문이라고 했다. 우리가 흔히 말하는 군자(君子)는 어떤 인물인가?

군자는 유가(儒家)에서 제시하는 이상적인 인간상이다. 유가에서 말하는 이상적 인간상은 하늘이 부여한 타고난 본성을 손상하지 않는 인물로 설정하고 있다. 유학에서 말하는 사단(四端) 즉 인의예지(仁義禮智)라는 내면의 덕을 손상하지 않고 실천하는 사람이다. 공자는 "군자는 의리에 밝고, 소인은 잇속에 밝다"고 했다. 따라서 군자는 자신의 개인적 이익보다 국가와 사회의 이익에 우선을 두는 도덕적 인물로 정의할 수 있다. 주돈이는 연꽃의 어떤 면이 군자적 면모와 서로 통하는지 〈애련설〉을 통해 밝혀놓았다.

첫째 '연꽃이 진흙의 더러움 속에서 나왔지만 그 더러움에 물들지 않는다'고 했다. 진흙의 더러움은 자기 잇속만을 챙기는 소인(小人)들의 세상이다. 비록 연꽃이 속세의 더러움 속에 뿌리를 두고 있지만 소인의 무리에 휩쓸리지 않고 있다. 의리를 밝혀 자신의 길을 묵묵히 가고 있는 대인(大人)의 모습이다. 속세의 잇속에 휘둘림 없이 의(義)를 밝혀 한결같이 나가고 있는 군자의 모습이 연꽃이다. 어찌 사랑하지 않을 수 있겠는가.

둘째 '맑은 물 잔물결에 씻기어도 요염하지 아니하다'고 했다. 우리는 속으로 부패하고 아부하지만 겉으로는 청렴하고 정직한 것으로 위장한 사람들을 볼 수 있다. 연꽃은 이와 반대이다. 맑은 물에 씻겨있기 때문에 자신을 내세울 수 있지만 그렇지 않다는 것이다. 외부적 요인에 흔들리지 않고 항상 안으로 티 없이 맑고 깨끗하게 자신을 지킬 뿐만 아니라 겉을 꾸미지 않는 군자의 덕을 갖추고 있다.

셋째 '속은 비어 통해 있고 밖은 쪽 곧아 있다'고 했다. 연꽃의 줄기는 속이 비어 위아래가 통하고 겉대는 곧은 모양을 하고 있다. 속이 비어 통하는 것은 욕심 한 점 없이 맑게 트인 군자의 마음을 말하는 것이고, 곧게 죽 뻗은 모양은 대쪽같이 곧고 바른 군자의 언행을 비유한 것이다.

넷째 '넝쿨을 치지 않고 가지도 만들지 않는다'고 했다. 넝쿨을 치지 않는다는 것은 군자가 사사로운 이익을 따라 부귀를 좇아가지 않음을 비유한 것이고, 가지를 벌이지 않고 한줄기로 뻗은 것은 군자가 쓸데없는 일에 관여하지 않는다는 것을 비유한 것이다. 개인적 욕심을 처음부터 싹트지 않게 하고 군자의 길만을 가겠다는 의지를 보여주고 있다.

이러한 이유를 들어 주돈이는 연꽃을 꽃 중의 군자라고 했다. 포은선생은 연뿌리의 먹다가 주돈이의 말을 상기하고 자신을 되돌아보게 된다. 연뿌리 맛에 취해 연(蓮)의 군자적 속성은 보지 못하고 그 달콤함에 빠져버린 자신의 소인적 모습을 보게 된 것이다. 군침을 돌게 하는 연뿌리의 맛은 본질을 상실케 하는 유혹이다. 외형에 이끌려 본질의 참의미를 놓친 자신에 대한 질타가 아닐 수 없다.

우리는 잠시의 즐거움에 빠져 본질을 잊어버리는 수가 많다. 포은선생과 같은 분도 그러했는데 평범한 우리들에게 있어서는 말할 필요가 없다. 그러나 중요한 것은 자신의 잘못을 깨닫는 데 있다. 그것도 빨리 깨달아서 자신이 가야할 올바른 길을 찾아 되돌려야 한다. 포은선생의 깨달음과 반성은 그런 점에서 우리에게 많은 시사점을 던지고 있다.

湯 銘 日 新

끓일 **탕**　　새길 **명**　　날 **일**　　새로울 **신**

湯 : 끓일 (탕) / (水 - 12획)　　　　日 : 날 (일). 태양 / (日 - 4획)
銘 : 새길 (명) / (金 - 14획)　　　　新 : 새로울 (신) / (斤 - 13획)

[출처]

湯浴(탕욕)　목욕

雨行泥汚遍(우행니오편)	비 내려 진흙투성이 세상에,
熱走汗霑頻(열주한점빈)	더위로 땀에 젖기 빈번하네.
沂浴思春暮(기욕사춘모)	기수에 목욕하니 늦은 봄 생각이요,
湯銘誦日新(탕명송일신)	탕 임금의 새긴 글 외니 날로 새롭네.
氤氳喜有水(인온희유수)	성한 기운 물이 있어 좋고,
淸淨洗無塵(청정세무진)	깨끗이 씻어 먼지도 없네.
頓覺精神爽(돈각정신상)	문득 정신 상쾌하니,
臨風更岸巾(임풍갱안건)	바람 맞아 높은 망건 다시 쓰네.

『포은집』 권1

사자성어의 의미

'탕명일신(湯銘日新)'의 '탕(湯)'은 중국 상(商)나라를 건국한 탕 임금을 말한다. 중국에서 가장 태평성대를 이루었던 시절을 흔히 '요순(堯舜)시대'라고 하며 여기에 우(禹) 임금을 더하기도 한다. 탕 임금은 요·순·우를 잇는 성군으로 칭송받는 인물이다. 탕 임금은 하(夏)나라 마지막 임금이자 폭군의 대명사인 걸(桀) 임금을 멸하고 상(商)나라를 세웠다. 걸 임금을 『십팔사략(十八史略)』에서 보면, 우리가 잘 알고 있는 고사인 '주지육림(酒池肉林)'과 관련된 폭군이다. 그는 애첩인 말희(末喜)를 기쁘게 하기 위해, 술이 연못을 이루고 고기가 숲을 이룰 수 있게 하여 향락이 극에 달하는 방탕한 생활을 했다. 이러한 음란무도(淫亂無道)한 생활이 하나라를 패망에 이르게 한 것이다.

'명(銘)'은 '반명(盤銘)'을 말하는 것으로, '반'은 욕탕기이며 '명'은 스스로 경계하기 위해 새긴 글이다. 따라서 '탕명'은 탕 임금이 날마다 씻는 욕탕기에 자신이 경계해야 할 말을 새겨 넣은 탕 임금의 좌우명으로 볼 수 있다. 탕 임금이 반명에 새긴 글은 "진실로 하루가 새로워졌거든, 나날이 새롭게 하고 또 날마다 새롭게 하라[구일신 일일신 우일신(苟日新 日日新 又日新)]"이며, 이를 줄여서 "일신 우일신(日新又日新)"이라고 한다.

반명에 새겨진 의미를 다시 풀어보면, '구(苟)'는 '진실로'란 뜻이며 '일신(日新)'은 '날로 새롭게 하라'는 뜻이다. 탕 임금이 반명에다 '날로 새롭게 하라'고 한 의미를 되새겨 볼 필요가 있다. 탕 임금은 매일 몸의 때를 씻어내듯이 마음의 때, 즉 악(惡)을 씻어내기 위해 반명에다 새겨놓아 자신을 경계하였다. 진실로 이전에 물든 때를 씻어내어 스스로 새롭게 되었거든, 마땅히 이미 새로워진 것을 바탕으로 날마다 새롭게 하고, 또 새롭게 하여 조금이라도 끊어짐이 없어야 함을 스스로에게 다짐한 것이다.

현대인에게 주는 교훈

포은선생의 시 〈목욕〉은 세 번째 명나라 사행 길(1386)에서 지은 것이다. 지금처럼 편리한 교통수단이 갖추어졌다면 사행은 고행길이 아닐 수 있다. 그러나 수천 리 길을 말을 타거나 걸어서 가야한다면 상황은 달라진다. 고국과 전혀 다른 풍습과 기후, 그리고 험난한 지형을 거쳐야 한다는 자체가 사행이 주는 힘겨움이다. 나라를 위한 지극한 충정이 없다면 여섯 번의 명나라 사행은 엄두를 내지 못할 일이다. 게다가 명나라와의 복잡한 외교문제로 인해 자칫 죽음이 그를 맞이할 수 있는 상황이었다.

세 번째 사행의 목적은 원나라 복제(服制)에서 명나라 복제로 바꾸는 것과 세공의 감면을 청하기 위해서였다. 2월에 출발한 사행이 남경(南京)에 다다를 즈음엔 어느새 여름으로 바뀌었다. 길은 세차게 내린 비로 온통 진흙벌이 되었고,

몸은 빗물과 땀으로 범벅이 된 고된 여정의 연속이다. 힘들게 숙소에 도착해서 목욕으로 지친 피로를 씻어내니 잠시의 기쁨을 얻을 수 있었다. 고된 사행 뒤의 목욕이기에 자신을 놓을 만도 한데, 선생은 공자의 물음에 대답한 제자 증점(曾點)의 말과 탕 임금의 반명을 생각하며 자신이 나가야 할 바를 되새기고 있다.

시에 나오는 '기욕사춘모(沂浴思春暮)'는 『논어(論語)』〈선진편(先進篇)〉을, '탕명송일신(湯銘誦日新)'은 『大學(대학)』의 구절을 인용한 것이다. 힘든 사행 길 뒤의 목욕이다. 느긋하게 지친 몸을 풀 만도 한데 경서의 구절을 떠올리며 시를 지었다. 포은선생은 왜 두 경서의 구절을 인용하여 시를 지은 것인지 생각해 볼 필요가 있다. 『논어』의 구절을 인용한 '기욕사춘모'가 의미하는 바가 무엇인지 살펴본다.

공자가 제자들에게 "혹시 세상이 너희를 알아주면 무엇을 하겠느냐"고 물었다. 여러 제자의 답변 뒤에 마지막으로 비파를 치고 있던 증점이 대답을 했다. 증점은 "늦봄에 봄옷이 완성되면 관을 쓴 어른 5,6명과 동자 예닐곱 명과 함께 기수(沂水)에서 목욕하고 무우(舞雩)에서 바람 쐰 뒤 노래 부르며 돌아오겠습니다."라고 했다. 이에 대한 공자의 답변은 "나도 증점과 함께하고 싶다"고 했다. 공자는 앞의 여러 제자의 말에는 응답이 없다가 왜 증점의 말에만 응답을 했을까? 앞서 말한 자로, 염유, 공서화 같은 제자는 그 바람이 세속적 영달과 명예를 좇은 데 반해, 증점은 예(禮)로써 자신을 겸손히 다스려 세속적 욕망에서 벗어나 자연과 하나가 되고자 한 때문이다.

포은선생은 목욕하는 중에 기수에서 목욕하고자 했던 증점을 떠올렸다. 증점이 말한 것은 바로 극기복례(克己復禮)이다. 사사로운 욕망에 빠진 나를 이겨 예로 돌아가 인(仁)의 길을 가겠다는 것이다. 포은선생은 증점의 극기복례를 자신에게 돌리고 있다. 힘겨운 사행 길이 자신의 의지를 흔들어 놓은 데 대한 반성의 잣대를 증점의 극기복례에서 찾은 것이다.

극기복례에 이어 포은선생은 '탕명송일신(湯銘誦日新)'을 말하고 있다. 힘든 사행 과정에서도 사사로운 욕망에 빠질 것을 경계하여 극기복례의 의지를 밝혔다. '탕명송일신'은 극기복례의 실천에 대한 다짐으로 볼 수 있다. 인(仁)의 길로 가는 것이 쉬운 일이 아니다. 틈만 있으면 스며드는 것이 인욕(人慾)이다. 인욕은 인(仁)에 있어 최대의 적이 된다. 방심은 인욕을 불러들이게 되므로 하루라도 마음의 때를 씻지 않을 수 없다. 그런 까닭에 날로 새롭게 하겠다는 다짐을 통해 인의 길로 가겠다는 의지를 보인 것이다. 극기복례와 일신을 통해 마음의 먼지를 털어내어 순선(純善)의 본성으로 자연과 함께 하고자 한 포은선생의 정신과 실천 의지를 헤아릴 수 있다.

사람은 누구나 처해진 상황에 따라 변화를 보이기 마련이다. 특히 자신의 심신을 괴롭히는 요소가 많으면 많을수록 자신을 들여다보기에 앞서 주변 환경에 불만을 터뜨리게 된다. 지금이 자신을 진지하게 성찰할 때이다. 자신의 가치와 삶의 지향점을 되돌아보고 초심을 잃지 않아야 한다. 평탄한 삶을 성공한 삶이라 할 수 없다. 두드릴수록 더 강해지는 쇠[철단익강(鐵鍛益强)]처럼 시련의 담금질을 이겨내어 날로 자신을 새롭게 해야 한다.

忠 魂 壯 魄

충성 **충**　　넋 **혼**　　장할 **장**　　넋 **백**

忠 : 충성 (충). 정성, 공평하다 / (心 – 8획)　　壯 : 장할 (장) / (士 – 7획)
魂 : 넋 (혼). 마음 / (鬼 – 14획)　　　　　　魄 : 넋 (백). 마음 / (鬼 – 14획)

[출처]

祭金得培文(제김득배문) 김득배에게 드리는 제

嗚呼皇天 此何人哉. 盖聞福善禍淫者天也 賞善罰惡者人也.(오호황천 차하인재. 개문복선화음자천야 상선벌악자인야.)

天人雖殊 其理則一 古人有言曰 天定勝人 人衆勝天 亦何理也.(천인수수 기리즉일 고인유언왈 천정승인 인중승천 역하리야.)

往者紅冠闌入 乘輿播越 國家之命 危如懸綫 惟公首倡大義 遠近響應 身出萬死之計 克復三韓之業.(왕자홍구란입 승여파월 국가지명 위여현선 유공수창대의 원근향응 신출만사지계 극복삼한지업)

凡今之人 食於斯寢於斯 伊誰之功歟. 雖有其罪 以功掩之可也 罪重於功 必使歸服其罪 然後討之可也.(범금지인 식어사침어사 이수지공여. 수유기죄 이공엄지가야 죄중어공 필사귀복기죄 연후토지가야.)

奈何汗馬未乾 凱歌未罷 遂使泰山之功 轉爲鋒刃之血歟. 此吾所以泣血而問於天者也.(내하한마미건 개가미파 수사태산지공 전위봉인지혈여. 차오소이읍혈이문어천자야.)

吾知其忠魂壯魄 千秋萬歲 必飮血於九泉之下. 嗚呼命也 如之何 如之何(오지기충혼장백 천추만세 필음혈어구천지하. 오호명야 여지하여지하)

아! 하늘이시여, 이 사람은 어떤 사람인고. 대개 듣자하니 착한 것에 복을 주고 나쁜 것에 재앙을 내리는 것은 하늘이요, 선한 것을 상주고 악한 것을 벌하는 것은 사람이라 한다. 하늘과 사람이 비록 다르나 그 이치는 하나이니, 고인이 이런 말을 하였다. "하늘이 정한 것은 사람을 이기고, 사람이 많으면 하늘을 이긴다."하니 이것은 또 무슨 이치인가. 이전 홍건적이 침입하여 임금께서 피난하고, 나라의 운명이 위험하기가 실과 같을 때 오로지 공이 먼저 대의를 주창하니 먼 곳과 가까운 곳이 서로 응하여 몸소 만 번 죽을 계책을 꾸며 삼한의 업을 극복하였다. 대체 지금 사람들이 여기서 먹고 자는 것은 그 누구의 공이겠는가! 비록 그런 죄가 있더라도 그 공로로 이것을 가리면 될 것이요, 죄가 공보다 더 중하다면 반드시 돌아오게 하여 그 죄를 복역한 뒤에 치는 것이 옳다. 어찌하여 땀 흘린 말이 아직 마르지도 않고 개선의 노래가 아직 끝나지도 않았는데 이윽고 태산 같은 공을 칼날의 피로 돌리고 말았는가! 이것이 내가 피눈물로 하늘에 묻는 까닭이다. 나는 아노니 그 충성스럽고 장한 혼백이 천추만세에 구천 아래서 반드시 피를 마실 것이다. 아아! 운명을 어찌하며 어찌하겠는가.

『포은집』 권3

祭金元帥 得培(제김원수 득배)

自是書生合討文(자시서생합토문) 　선생은 본시 서생으로 글이나 읽을 일이지,
迺何麾羽將三軍(내하휘우장삼군) 　어찌하여 깃발을 들고 삼군을 거느렸는가.
忠魂壯魄今安在(충혼장백금안재) 　충혼장백은 지금 어디에 있는가,
回首靑山空白雲(회수청산공백운) 　머리 돌리니 푸른산 하늘에 흰구름 뿐이네.

『포은집』 권2

사자성어의 의미

'충혼장백(忠魂壯魄)'에서 '충혼'은 충의(忠義)를 위하여 죽은 사람의 넋이며, '장백'은 웅장한 기상을 지닌 죽은 이의 넋을 말한다. 따라서 '충혼장백'은 충의롭고 웅장한 기상을 지니고 죽은 사람의 넋이라 할 수 있다. 여기서 혼백의 본래적 의미를 되짚고 넘어간다.

혼백은 인간의 정신적·육체적 활동을 지배하는 신령, 영혼을 말한다. 고대 중국에서는 인간을 형성하는 음양의 두 기운에서 양기(陽氣)의 영(靈)을 혼(魂)이라고 하고, 음기의 영을 백(魄)이라고 하였다. 혼은 정신을, 백은 육체를 지배하는 신령인데, 일반적으로 정신을 지배하는 혼으로 인간의 신령을 나타냈다. 사람이 죽으면 혼은 하늘로 올라가서 신(神)이 되며, 백은 지상에 머물러서 귀(鬼)가 된다. 사람이 죽으면 바로 옥상에 올라 사자(死者)의 혼을 부르는 초혼(招魂)이나 진혼(鎭魂)의 습속의례는 이런 관념에서 탄생하였다.

포은선생은 홍건적의 난을 평정하고도 억울하게 죽은 난계(蘭溪) 김득배(金

得培)를 위해 제문을 지었다. 죽은 이를 기리기 위해 글을 쓴다는 것이 전혀 문제가 될 것이 아니지만 당시 상황은 그렇지 않았다. 당시 권력의 핵심에는 김용이 있었다. 김용은 홍건적의 난을 평정하는 성과를 올린 김득배를 시기·모함하여 효수(梟首-죄인의 목을 베어 높은 곳에 매달던 처형)케 하였다. 이런 상황인지라 문생 중 어느 누구도 스승의 시신을 수습하는 이가 없었다. 자신에게 미치게 될 화(禍)를 염려한 나머지 방관하였던 것이다. 포은선생은 김득배의 억울한 죽음을 왕에게 고하고 직접 그의 주검을 수습하고 장례를 지냈다. 아울러 '충성스럽고 장한 혼백이 천추만세에 구천 아래서 반드시 피를 마실 것이다.'라는 내용의 제문을 지어 충성스럽고 의로운 영혼을 위로하였다. 자신에게 미칠 화가 두려워 수수방관했던 다른 문생들과 달리 포은선생은 유자의 의리 정신에 입각하여 올바름을 실행에 옮긴 것이다. 개인의 안위보다 의를 중시하는 참다운 선비의 모습을 보여주었다. 김득배는 이후 복권되어 문무겸전의 극칭인 문충(文忠)의 시호를 받게 되었다.

현대인에게 주는 교훈

'충혼장백(忠魂壯魄)'은 포은선생이 그의 스승인 김득배의 억울한 죽음을 기리기 위해 지은 제문과 시에 나오는 말이다. 포은선생과 김득배와의 관계부터 살펴볼 필요가 있다. 김득배는 포은선생의 지공거(知貢擧)이다. 지공거는 고려 시대 과거를 관장하는 고시관을 이르는 명칭으로 포은선생이 급제할 때 김득배가 바로 지공거로 있었다. 지공거와 급제자는 단순히 시험 출제자와 수험생의 관계가 아니다. 지공거가 실시한 과거에서 급제한 자를 문생(門生)이라 하는데, 이들 관계는 지금의 사제관계와 같다. 그런 까닭에 지공거와 문생은 혈연으로 맺어진 부자에 비교될 만큼 강한 집단의식을 지니고 있었다.

이처럼 포은선생과 김득배는 사제관계이지만 다른 문생들과는 특별한 관계였다. 포은선생과 김득배의 문답 내용이 신현(申賢)의 『화해사전(華海師全)』에 자세히 나와 있다.

> 신현이 김득배에게 말하기를, "그대의 문하에 길러서 훌륭한 재목이 될 사람이 많다. 내가 보건대 정몽주는 스승 되는 그대보다 못하지 않도다." 하자, 김득배가, "정몽주는 가장 학문을 좋아합니다. 나이는 어리나 제가 두렵게 생각한 것이 오래되었습니다."라고 하였다.
>
> 김득배가 정몽주에게 말하기를 "신현 선생이 그대를 기리기가 이와 같으니 지금부터 그대가 질 책임이 대단히 무겁도다." 하니, 정몽주가 대답하기를, "제가 일찍부터 선생님(김득배)의 가르침을 받아 여기에 이르도록 이끌어주신 것은 모두 선생님이 내린 것입니다." 하였다.
>
> 이에 김득배가 말하기를, "신현 선생의 경연이 멀도다. 그대 나이가 적어서 항상 뫼시고 가르침을 받을 수 없으나 그대가 이제 장성하였으니 멀지 않아 힘써 가르침을 받으면 그대의 기량이 어찌 한계가 있으리오." 하니, 정몽주가 "삼가 가르침을 받겠나이다." 하였다.

신현과 김득배, 정몽주 간의 대화를 통해서 사제간의 긴밀한 교분관계를 볼 수 있다. 스승인 김득배는 제자인 포은선생이 훌륭한 재목임을 일찍이 간파했고, 그의 학문적 성취에 대해서 청출어람(靑出於藍)으로 인정하였다. 비록 스승의 위치에 있지만 제자의 인품과 학문에 대해서는 그 빼어남을 인정하고 아낌없는 격려를 하였다. 이에 포은선생은 자신의 학문적 성과는 좋은 가르침을 주고 잘 이끌어주신 스승인 김득배의 공으로 돌리고 있다. 사제간의 꾸밈없는 정을 느낄 수 있는 대목이다.

김득배는 고려의 학문 발전에 일익을 담당했을 뿐만 아니라 개경을 점령한 홍건적을 평정하고 개경을 수복하여 위란(危亂)의 고려를 구하는데 큰 공적을 세운 인물이다. 포은선생에게 있어서는 자신을 제대로 평가해주고 올바른 학문의 길을 이끌어주신 큰 스승이다. 위기의 나라를 구하고 학문의 발전에 큰 버팀목 역할을 했던 스승이 모함에 빠져 죽음에 이르렀으니 어찌 통탄하지 않을 수 있겠는가. 더욱 비통한 것은 효수가 되었어도 어느 누구도 시신을 거두는 이가 없다는 데 있다. 숱한 문생들이 있지만 자신에게 미칠 화를 염려하여 외면하고 있는 상황이다. 포은선생은 이에 아랑곳하지 않고 제자의 도리, 선비의 도리로써 스승의 시신을 수습하고 그의 억울한 죽음을 제문으로 밝혔다.

포은선생은 제문에서 "어찌하여 땀 흘린 말이 아직 마르지도 않고, 개선의 노래가 아직 끝나지도 않았는데, 태산 같은 공을 칼날의 피로 돌리고 말았는가!"라고 하여, 스승의 부당한 죽음에 대해 자신의 죽음을 불사하고서라도 묻겠다는 결연한 의지를 보이고 있다. 이어서 스승의 심정을 대변하듯 "충성스럽고 장한 혼백이 천추만세에 구천 아래서 반드시 피를 마실 것이다."라고 절규하였다.

정의의 신념에 따른 실천이 죽음에 이르게 할지라도 의연히 받아들일 수 있는 것이 선비의 모습이다. 제자의 재능을 인정하고 학문의 길을 이끌어준 스승과, 스승의 억울한 죽음에 대한 제자의 의기(義氣)있는 실천은 진정한 사제의 모습이다. 불의를 보고서 분연히 일어서는 포은선생의 실천적 모습에서 진정한 선비정신이 무엇인지를 보여준다. 선비정신은 의리를 지키고 행해나가는 것이다. 인간이 마땅히 행하여야 할 도리인 의리 앞에서는 어떤 장애나 위험이 따르더라도 자신의 의지를 결코 굽히지 않아야 한다. 포은선생이 보여준 행동은 선비정신이자 의리정신이다.

말뿐이고 허울뿐인 의리가 만연하는 시대를 살아가고 있다. 오죽하면 조폭세계에서도 의리를 논하는 아이러니가 발생하고 있다. 그들 말대로라면 인간의 올바른 도리를 지키는 셈이 되는데, 이욕(利慾)에 빠져 남을 해하는 일이 그들의 의리인지 궁금하다. 선비정신이나 의리정신이 점점 퇴색되어 가는 시대를 살고 있다. 스승의 죽음 앞에서 보인 포은선생의 행동은 사제간의 의리, 선비의 의리가 무엇인지를 깨닫게 한다. 나아가 우리 시대가 추구해야 할 의리는 무엇인지, 자신이 행해나가야 할 의리는 무엇인지를 생각하게 한다.

可 濯 吾 足

옳을 **가**　　씻을 **탁**　　나 **오**　　발 **족**

可 : 옳을 (가) / (口 - 5획)　　　　吾 : 나 (오). 우리 / (口 - 7획)
濯 : 씻을 (탁) / (氵 - 17획)　　　　足 : 발 (족). 만족하다 / (足 - 7획)

[출처]

次遁村韻呈四君子(차둔촌운정사군자)

둔촌 사군자(동창, 도은, 약재, 둔촌)에게 드린 시에 차운함

둔촌(遁村)

瀟洒行裝似野翁(소쇄행장사야옹)	조촐한 차림새 시골 늙은이 같지만,
新詩如錦滿囊中(신시여금만낭중)	비단 같은 새 시가 주머니에 찼네.
漢江可以濯吾足(한강가이탁오족)	한강은 우리 발 씻을 만도 한데,
何日言歸與子同(하일언귀여자동)	어느 날에야 그대와 함께 가보나.

『포은집』 권2

사자성어의 의미

'가탁오족(可濯吾足)'은 가히 우리 발을 씻을 만 하다는 의미이다. '오(吾)'를 나로도 해석해도 되지만 차운시(次韻-남이 지은 시의 운자(韻字)를 따서 지은 시)란 점을 고려한다면 둔촌(遁村) 이집(李集)을 포함한 우리로 보는 것이 타당하다. '가탁오족'이란 말은 중국 초나라 충신인 굴원이 지은 〈어부사(漁父辭)〉에 나오는 것으로 세상의 더러움에 물들지 않으려는 의지를 드러내기 위한 표현으로 널리 회자(膾炙)되고 있다. 굴원이 '가탁오족'가 들어있는 〈어부사〉를 짓게 된 유래를 살펴본다.

간신의 모함을 받고 정계에서 쫓겨난 굴원은 강남에서 머물고 있었다. 자신의 처신을 비관하면서 강가를 거닐며 시를 읊고 있는데, 어부가 배를 저어 지나가다 굴원을 알아보고 수심에 잠긴 이유를 물었다. 굴원은 이에 "온 세상이 흐려 있는데 나만이 홀로 맑고, 뭇사람이 다 취해 있는데 나만이 홀로 깨어 있다. 그래서 추방당했다오.[거세개탁 아독법 중인개탁 아독성 시이견방(舉世皆濁 我獨淸 衆人皆濁 我獨醒 是以見放)]”했다.

어부는 세상에 어울리지 못하는 굴원의 처신에 대해 오히려 나무라자 굴원은 다음과 같이 말했다. “새로 머리를 감은 사람은 반드시 갓을 털어 쓰고, 새로 몸을 씻은 사람은 반드시 옷을 털어 입는다.[신목자 필탄관 신욕자 필진의(新沐者 必彈冠 新浴者 必振衣)]”라고 하면서 차라리 강에 빠져 물고기 배 속에 장사를 지내는 한이 있더라도 어떻게 깨끗한 몸으로 세상의 먼지를 쓸 수 있느냐고 했다.

굴원의 말을 들은 어부가 노래를 불러 화답하기를, “창랑의 물이 맑거든 내 갓끈을 씻고[창랑지수청혜 가이탁오영(滄浪之水淸兮 可以濯吾纓)], 창랑의 물이 흐리거든 내 발을 씻으리라[창랑지수탁혜 가이탁오족(滄浪之水濁兮 可以濯吾足)]”고 했다. ‘가탁오족’은 굴원에 대한 어부의 화답에서 나온 말이다. 포은선생이 ‘가탁오족’을 들어 은거한 이집(李集)의 시에 차운한 의도를 읽을 수 있다. ‘가탁오족’은 혼탁한 정치가 난무하는 시대를 의미한다. 그런 까닭에 세상에 나오기보다는 초야에 묻혀 자신의 지향세계를 지켜나가는 이집의 삶이 오히려 바람직하다고 본 것이다.

포은선생은 ‘가탁오족’한 혼탁한 세상에서 벗어나 이집처럼 전원에 묻혀 자연과 더불어 유유자적한 삶을 구가하고 싶은 바람을 내비치고 있지만 바람으로 그치고 있다. 온 세상이 혼탁한 시절이라면 누구나 물러나서 자연에 귀의하고픈 심정을 가지게 된다. 그러나 현실을 외면할 수 없는 일이다. 개인적 바람에 앞서 혼탁한 세상을 바로잡아 백성들을 편안하게 해야 할 시대적 소명이 포은선생에게 있기 때문이다. 그런 까닭에 ‘가탁오족’에는 은일에 대한 포은선생의 바람이 담겨 있지만 갓끈을 씻을 수 있는 세상을 위해 결코 은일할 수 없는 현실적 고뇌가 묻어있다.

현대인에게 주는 교훈

'가탁오족(可濯吾足)'은 굴원의 고사와 관련된 내용이므로 우리에게 생각할 거리를 많이 던진다. '창랑의 물이 맑으면 갓끈을 씻고, 창랑의 물이 흐리면 발을 씻는다'는 의미를 어떻게 보아야 할 것인가가 하는 문제가 있다. 여기서 말하는 물의 맑고 흐림은 세상이 도(道)에 의해 실현되느냐 그렇지 않느냐 하는 것이다. 그렇다면 물의 청탁(淸濁) 즉 도의 실현 유무에 따라 어떻게 처신하는 것이 바람직한 것인가를 생각해야 한다.

유자(儒者)들은 벼슬에 나가고 물러섬을 진퇴지절(進退之節)이라 하여 도의 실현 유무에 따라 진(進)과 퇴(退)를 달리하고 있다. 『논어』〈태백편〉에 보면 "천하 유도즉현 무도즉은(天下有道則見 無道則隱)"이란 말이 있다. 천하에 도가 있으면 드러내고, 도가 없으면 숨어야 한다는 뜻이다. 천하가 무도(無道)한 때에 어진 선비가 출사(出仕-벼슬길에 나감)할 경우 자신의 도의(道義)를 펼쳐보지도 못하고 죽음에 이르는 경우가 많다. 따라서 뜻있는 선비는 도가 없는 천하에는 나아가기[進]보다는 물러섬[退]을 현명한 판단으로 보고 있다. 무도(無道)한 때는 몸을 숨겨 나타내지 않은 대신, 자신을 수양하고 학문을 연마하여 후진을 양성하는 데 진력을 다해야 한다. 유도(有道)한 세상이 도래할 때를 위한 준비 작업인 것이다.

그렇다면 세상에 도가 구현되기만을 기다리며 몸을 숨기고 있어야 하는가 하는 의문이 생긴다. 자신의 이익만을 추구하는 소인들의 세상을 보고도 수양만이 진정한 선비의 길로 보고 현실을 외면하는 것이 바람직한 것인가 하는 문제의식이 나올 수 있다. 무도한 현실에 대한 외면은 백성들의 고통을 가중시키는 결과가 따른다. 뜻있는 선비의 용단이 필요한 것이다. "군자는 위태로움을 보거든 명을 주니, 그렇다면 위태로운 나라에서 벼슬하는 자는 가히 떠나갈 의리가 없다.[군자 견위수명 즉사위방자 무가거지의(君子 見危授命 則仕危邦者 無可去之義)"라는 말을 상기할 필요가 있다. '군자는 위태로움을 보면 명을 준다'는 말은 나라의 위기에 있어서 군자는 자신의 몸을 깨끗이 바칠 각오를 하고 일에 임한다는 뜻이다. 죽음을 불사하고서라도 무도한 세상을 유도한 세상으로 바꾸겠다는 적극적 현실 참여인 것이다.

유도한 세상과 달리 혼탁한 세상은 선비에게 진퇴의 갈림길에서 선택을 요구한다. 나아가서 목숨을 바칠 각오로 불의한 무리와 일전을 벌일 것인지, 아니면 물러나 자신을 수양하고 학문을 닦아 후세를 위한 발판으로 삼을 것인지에 대한 선택이 남게 된다. 벼슬을 물리치고 은거한 이집과 목숨을 담보로 위태로운 나라에서 자신의 소신을 펼친 포은선생은 진퇴의 갈림길에서 극명한 대조를 보이고 있다. 어느 선택이 더 정당하다고 확신할 수는 없다. 각각의 선택은 그만한 정당성을 확보하고 있기 때문이다.

이집의 시에 차운한 포은선생의 시는 진퇴의 갈등이 내포되어 있다. 포은선생은 이집을 조촐한 차림의 시골 늙은이라 하여 속세에 더럽혀지지 않은 깨끗한 인격을 갖춘 인물로 그려내고 있다. 벼슬을 사직하고 여주에 내려와 세상과 담을 쌓고 글만 읽고 소요하는 이집이 부럽지 않을 수 없다. 특히 지금의 세상이 발을 씻어야 하는 '탁오족(濯吾足)'의 시기라면 더욱 그러할 것이다. 그대와 함께 발을 씻고자 하는 것은 포은선생도 물러나 은거하고자 하는 의도를 드러내는 것이다.

이러한 은거의 의도를 4구 '어느 날에 그대와 함께 가보나'에서 다시 확인할 수 있다. 그러나 이는 은거에 대한 바람으로 끝날 뿐이다. '함께 가보나'는 함께 갈 날이 요원하다는 의미가 내포되어 있다. 이집이 은거를 통해 자기 수양의 길을 찾아간 것이 부럽지만 모두가 그렇게 할 수만은 없는 일이다. 이집과 같은 은자의 삶이 필요한 시대이기도 하지만 포은선생과 같이 위기의 나라와 함께할 실천적 인물도 절대적으로 필요한 시대이다. 진정한 충성은 헌신정신과 의로움을 전제로 하고 있다. 나라를 위한 포은선생의 충정과 의기가 물러섬보다 나아감의 길을 선택하게 한 것이다.

勿 助 勿 忘

말 **물**   도울 **조**   말 **물**   잊을 **망**

勿 : 말 (물). 부정, 금지 / (勹 – 4획)   勿 : 말 (물). 부정, 금지 / (勹 – 4획)
助 : 도울 (조) / (力 – 7획)   忘 : 잊을 (망). 소홀하다, 망령되다 / (心 – 7획)

[출처]

호연권자(浩然卷子) 호연함을 읊은 두루마리

皇天降生民(황천강생민)	하늘이 백성을 내니,
厥氣大且剛(궐기대차강)	그 기운 크고 또 굳세네.
夫人自不察(부인자불찰)	사람이란 스스로 살피지 못하지만,
乃寓於尋常(내우어심상)	예사로운 곳에도 깃들어 있네.
養之固有道(양지고유도)	기르는 데도 진실로 도가 있으니,
浩然誰敢當(호연수감당)	호연한 기상을 누가 감히 당하리오.
恭承孟氏訓(공승맹씨훈)	공손히 맹자의 가르침 받들어서,
勿助與勿忘(물조여물망)	조장하지 말고 잊지도 말라.
千古同此心(천고동차심)	천고에 이 마음과 같다면,
鳶魚妙洋洋(연어묘양양)	연비어약의 묘리가 가득하네.
생략	

『포은집』 권2

사자성어의 의미

'물조물망(勿助勿忘)'은 조장하지도 말고 잊지도 말라는 뜻이다. 이 말은 『맹자』〈공손추〉장의 "심물망 물조장야(心勿忘 勿助長也)"에서 가져온 것이다. 풀이하면 '마음으로는 잊지 말고, 그렇다고 무리하게 기르려고 하지 마라'이다. 맹자가 마음에서 잊지 말라고 한 것은 '의(義)'이다. '의'는 마음에서 모아 길러지는 것이지 밖에서 엄습해 와서 얻어지는 것은 아니다. 그런 점에서 마음은 항상 의를 모으고 기르기를 잊지 말라고 지적한 것이다.

'억지로 기르려고 하지 마라'는 것은 인위성을 배제하여 순리에 어긋나지 말라는 뜻이다. 이와 관련하여 맹자는 송나라의 어떤 사람을 예로 들고 있다. 송나라의 어떤 이가 자기 논의 벼 싹이 이웃 논의 벼보다 덜 자란 것을 안타까이여겨 싹을 뽑아 올려놓고는 피곤한 모양으로 집에 돌아왔다. 그는 집안사람들에게 이르길 '오늘은 지쳤다. 나는 곡식의 싹이 자라는 것을 도와주고 왔다.'고

했다. 이 말을 들은 아들이 달려가 보았더니 이미 싹은 말라 버렸더라는 이야기다. 순리를 따르지 않고 조급증이 발동하여 인위적으로 싹을 뽑아 올린 농부를 꾸짖고 있는 내용이다. 이는 비단 이 한 사람에게만 적용되는 것이 아니라 결과에 욕심을 내는 우리 모두에게 향하는 말이다.

포은선생은 '물조물망'을 말하기에 앞서 호연지기(浩然之氣)를 말하고 있다. 호연지기는 크고도 강대한 기운을 말하는데, 이때의 기운은 의(義)와 도(道)가 합치된 기운이다. 인간은 나면서부터 호연한 기운을 타고났다. 그런데 이를 제대로 기르는 사람과 그렇지 못한 사람이 있다. 포은선생은 호연지기를 올바르게 기르기 위해 맹자의 '물망물조'를 들어 말하고 있는 것이다. 마음에 의(義)를 생각하여 잊지 않고 항상 의를 모으기를 힘써야 한다. 그런 점에서 마음에서는 의(義) 모으기를 잊어서는 안 되는 것이다. 한편 기르기의 중요함도 빠질 수 없다. 순리에 따라 해야 할 일을 할 뿐인데, 이를 억지로 어떻게 하겠다는 결과에 집착할 경우 어리석은 송나라 사람의 결과를 가져오게 된다. 포은선생은 맹자의 '물망물조'를 들어 호연지기를 키우는 방법과 자연의 순리에 따를 것을 강조하고 있다.

현대인에게 주는 교훈

하늘 저 멀리에는 솔개가 날고 연못에는 물고기가 뛰어놀고 있다. 이러한 광경을 본다면 어떤 생각이 들까? 하늘을 맴돌고 있는 솔개의 매서운 눈은 연못에서 뛰어노는 물고기를 낚을 기회만을 포착한다고 생각할 수 있다. 만약 이런 생각을 했다면 그 이유를 찾아내기는 어렵지 않을 듯하다. 약육강식이 난무하는 정글의 법칙 속에서 우리는 살아가고 있기 때문이다. 삶이 전쟁이라고 말하는 우리 세대에서 솔개가 날고 물고기가 뛰어논다는 '연비어약(鳶飛魚躍)'은 우리 시대의 눈으로 새롭게 재단되어 비약적 시각으로 접근하게 된다. 그렇다면 포은선생이 살았던 시대의 솔개와 물고기는 어떻게 와 닿았을까?

포은선생의 시 〈호연권자〉에는 연비어약을 말하기에 앞서 '물조여물망(勿助與勿忘)'을 제시했다. 조장하지도 잊지도 말라는 의미이다. 무엇을 조장하지 말고 무엇을 잊지 말라는 것인지 정확하게 이해해야 포은선생이 지향하는 정신이 무엇인지 알 수 있다. 이는 맹자의 '심물망 물조장야(心勿忘 勿助長也)'란 말을 빌려온 것이다. 마음이 잊지 말아야 할 것은 무수히 많다. 그러나 여기서 잊지 말아야 할 것은 바로 도의(道義)이다. 도의는 사람으로서 올바름을 지켜 떳떳이 행해나가야 하는 도리이다. 올바름 즉 의(義)는 항상 마음속에 간직되어 있다. 그런데 그 마음에 귀를 기울이지 않으면 얻을 수 없는 것이다. 그런 까닭에 항상 내 마음속에 잠재된 올바름에 귀 기울여 적극적으로 들으려고 해야 한다.

마음이 도의를 잊지 않았다고 해서 올바름을 찾았다고 할 수 없다. 올바름을 마음속에서 찾았다 하더라도 이를 드러내지 않는다면 쓸모없는 것이 될 수 있다. 즉 올바름이 실천으로 이어져야 한다는 말이다. 올바름은 조급함을 경계하고 있다. 일에는 순리가 있다. 조급하게 강행해서도 안 되며, 억지로 노력한다고 되는 것도 아니다. 이러한 어리석음을 벼의 싹을 일부러 뽑아 올려 더 자라게 만든 송나라 사람에 비유하고 있다. 이러한 조장(助長)은 무익할 뿐만 아니라 해롭기까지 하다. 올바름을 마음에 채운 뒤에 자연스럽게 드러날 수 있도록 해야 한다. 마음에 의(義)를 채워 호연한 기운과 합치하여 행해나갈 때 자연 순리와 조화를 이루게 된다.

하늘 위의 솔개와 물속의 고기를 상대적 관계에서 볼 것이 아니라 자연의 순리에 따라 자연스럽게 살아가는 본연의 모습으로 인식해야 한다. '물조물망'이 호연지기를 안으로 키워 인간 본연의 모습대로 살아가는 것이라면, 솔개와 물고기는 자연의 조화에 따라 저마다의 법칙에 따라 살아가는 것이다. 포은선생은 인간이 도의를 지켜 자연의 순리에 따르고, 미물이 자연의 법칙에 따라 자연스럽게 살아가는 것이 자연의 조화로움이라고 말하고 있는 것이다.

故園回首

思歸白髮

돌아갈 수 있어
행복하다

6

故 園 回 首

옛 **고**　　동산 **원**　　돌 **회**　　머리 **수**

故 : 옛 (고). 이유, 그러므로 / (攴 - 9획)　　回 : 돌 (회) / (口 - 6획)
園 : 동산 (원) / (口 - 13획)　　首 : 머리 (수). 시초 / (首 - 9획)

[출처]

蓬萊驛 示韓書狀 名尙質(봉래역 시한서장 명상질)

봉래역에서 서장관 한상질에게 보이다

昨日張帆涉海波(작일장범섭해파)　　어제 돛을 펴고 바다 물결 건너오니,

故園回首已天涯(고원회수이천애)　　머리 돌려 고향 보니 저 하늘 끝이라.

地經遼霤軍容壯(지경요습군용장)　　습한 요동땅 지나도 군사는 건장하고,

路入登萊景物多(노입등래경물다)　　길은 등주 봉래로 드니 경치 볼 만하네.

客子未歸逢燕子(객자미귀봉연자)　　돌아가지 못한 나그네 제비를 만났으니,

杏花纔落又桃花(행화재락우도화)　　살구꽃 지더니만 복사꽃 다시 피네.

同來幸有韓生在(동래행유한생재)　　동행에 다행이도 한생이 있으니,

每作新詩和我歌(매작신시화아가)　　매번 새 시 지어 내 노래에 화답하네.

『포은집』 권1

사자성어의 의미

'고원회수(故園回首)'에서 '고원'은 '고향 동산' 또는 '옛 뜰'로 고향을 달리 부르는 말이다. '회수'는 '머리를 돌이키다'는 뜻과 '회상하다'라는 뜻을 함께 지니고 있다. 따라서 '고원회수'는 머리를 돌려 고향을 본다는 의미가 된다. '고원회수'라는 말을 쓸 경우에는 고향을 떠난 것이 전제가 된다. 어떤 이유로든 고향을 떠난 사람들에게 있어 고향은 영원한 마음의 안식처이며 그리움의 대상으로 자리 잡고 있다.

'고향'이란 말은 누구에게나 다정함과 그리움, 그리고 때로는 안타까운 정감을 강하게 불러일으키는 말이다. 가장 순수했던 유년시절이 있던 곳이며, 나의 정서와 가치를 형성해낸 하나의 세계가 고향이다. 그런 까닭에 시간이 지날수록 고향에 대한 그리움은 더욱 사무치게 마련이다. 더욱이 그곳에 사랑하는 사람들이 살고 있다면 결코 잊을 수 없는 곳이며 언젠가는 반드시 돌아가야 할 최종 목적지가 된다.

오죽하면 '수구초심(首丘初心)'이란 말까지 나왔을까. 여우 같은 미물도 죽을 때가 되어서는 제가 살던 언덕으로 머리를 두어 고향을 잊지 못하고 있는데, 하물며 사람인데 오죽하겠는가. 명절이 되어 고향을 향해 민족 대이동의 고생길을 마다하지 않는 데는 이유가 있다. 그곳에는 사랑하는 부모가 계시고 유년시절의 꿈이 녹아있으며 정을 나눌 동무가 있기 때문이다.

포은선생의 시에는 고향을 그리는 내용의 시들이 유난히 많다. 여섯 번의 명나라 사행과 한 번의 일본 사신길이 선생으로 하여금 고향에 대한 그리움을 더욱 자아내게 하였다. 요동치는 국제 정세 속에서 목숨을 담보로 한 외교술을 펼쳐야 하는 포은선생의 입장에서는 고향은 더욱더 큰 의미를 지닌다. 사행 도중 낯선 이역(異域)에서 겪어야 하는 온갖 고초, 혼란한 국제정세 속에서 국익을 위해 펼쳐야 하는 외줄타기 외교술 등은 선생으로 하여금 이루 말할 수 없는 고통을 감내하게 하였다. 고개 들어 고향을 바라보고 고향을 그리는 마음을 시로 읊조리는 것만으로도 지금의 무거운 짐을 덜어낼 수 있다. 고향은 그런 존재이다. 내 어머니의 품 같은 따사로움이 언제나 거기에 변함없이 있기 때문이다.

현대인에게 주는 교훈

고려말 혼란의 소용돌이 속에서 포은선생은 기울어가는 고려를 위해 대외적 활동에 헌신하였다. 명나라와의 긴장 상태에서 이루어진 여섯 차례의 사행은 숱한 죽음의 고비를 넘겨야 했고, 왜구의 문제를 해결하기 위한 일본 사신길 또한 목숨을 담보로 한 험난한 여정이었다. 포은선생은 무려 일곱 차례의 사행에서 뛰어난 외교술을 발휘하여 첨예한 외교 문제를 성공적으로 완수한 당대 최고의 외교관이었다.

『포은집』에 수록된 300여 수의 시에는 사행과 관련된 시들이 아주 많이 나타나고 있다. 이들 시를 흔히 사행시(使行詩)라고 하는데 여기에는 시인의 다양한 정서를 표출하고 있다. 그 중에서 사향(思鄕), 즉 고향을 그리워하는 마음을 담은 시들이 상당한 비중을 차지하고 있다. 낯선 이역(異域)에서 겪는 외로움이나 고통이 심할수록 위안의 대상을 간절하게 찾게 마련이다. 포은선생도 인간인지라 사행이 주는 육체적·정신적 고통을 견뎌낼 대안이 필요했다. 고향은 현실의 고통을 감싸주는 곳이며, 자신이 돌아갈 마음속 깊이 간직한 그립고 정든 곳이다.

〈봉래역~〉시는 포은선생(36세)이 처음으로 명나라 사행 길에 오르면서 지은 것으로 보인다. 막중한 외교 임무를 지니고 나선 길이지만 처음 떠나는 사행의 중압감은 쉬 떨치기 어려운 듯하다. 파도를 헤치고 첫발을 디딘 요동땅이 낯설기만 하다. 인지상정(人之常情)이라 포은선생도 떠나온 고국에 마음이 먼저 가고 있다. 앞으로 겪을 힘겨운 사행 길을 두고 마음의 위안을 찾고 싶은 것이다. 하늘 저 끝에 그리운 이가 있고 마음껏 뛰어놀던 고향 동산이 있다. 비록 하늘 끝 멀리 있는 고향이지만 고향이 주는 평온함이 포은선생으로 하여금 평정심을 갖게 한다. 마음의 평정은 사행의 소임을 일깨우고 호기롭게 길을 나서게 하고 있다. 그제야 이역의 아름다운 풍경이 눈에 들어오고 이를 완상할 여유가 생기게 되었다.

이처럼 고향은 그 존재만으로도 마음의 위안과 평정을 가져오게 한다. 포은선생 같은 호기로운 이도 고향을 통해 사행의 힘겨움을 달래고 위안을 받고 있다. 그래서 고향은 영원한 마음이 안식처가 되는가 보다. 그렇다면 우리들은 포은선생과 같은 고향을 간직하며 살고 있는지 생각해 볼 문제다.

디지털 시대를 살아가는 우리는 어떤 고향을 품고 살아가는가? 문명의 이기(利器)에 빠져 편의와 안락이 전부인 고향을 품고 사는 것은 아닌지 반문해본다. 소설 『삼포로 가는 길』의 주인공 '노영달'과 '정씨'를 우리들의 모습과 빗대어 본다. 그들은 산업화·도시화의 과정에서 빚어낸 농민층 분해의 부산물로, 뿌리가 뽑힌 채 떠돌아다니는 밑바닥 인생이다. '삼포'라는 상징적 고향을 찾아가지만 그곳도 이미 산업화·개발화로 그들이 안식할 수 없는 곳이다. 철저히 고립된 존재로 남게 되었다. "사람이 많아지면 하늘을 잊는 법이거늘"이라는 정씨의 말은 의미심장하게 다가온다. 우리는 '인즉천 천즉인(人卽天 天卽人)'이라는 생명 존중과 자연과의 합일이라는 전통적 사고를 고향을 통해 생각해보아야 한다. 포은 선생의 고향인식을 통해 우리 시대의 고향이 지닌 진정한 의미를 되새겨볼 필요가 있다.

關 心 兩 兒

관계할 **관** 마음 **심** 두 **양** 아이 **아**

關 : 관계할 (관) / (門 - 19획) 兩 : 두 (량) / (入 - 8획)
心 : 마음 (심) / (心 - 4획) 兒 : 아이 (아) / (儿 - 8획)

[출처]

憶宗誠, 宗本兩兒(억종성 종본양아)

종성과 종본 두 아들을 생각하며

百念俱灰滅(백념구회멸) 온갖 염려 모두 없어지니,

關心只兩兒(관심지양아) 관심일랑 두 아이뿐이라.

未離慈母養(미이자모양) 자애로운 어머니 품 못 떠나도,

已誦古人詩(이송고인시) 벌써 옛 선현의 시를 외울 줄 아네.

積善吾何有(적선오하유) 나에게 무슨 적선이 있겠는가,

揚名汝自期(양명여자기) 이름 떨침은 너희들 스스로 기약하라.

秪思衰老日(지사쇠노일) 가만히 생각하니 내가 쇠하고 늙는 날,

及見長成時(급견장성시) 그제야 장성한 때를 보겠네.

『포은집』 권1

사자성어의 의미

'관심양아(關心兩兒)'는 나에게 있어 관심은 오직 두 아이뿐이라는 의미이다. 두 아이는 시의 제목에서 나오듯이 종성과 종본을 지칭한다. 포은선생은 슬하에 두 아들과 딸 셋을 두었다. 이 시는 포은선생이 첫 사행을 떠난 1372년에 지은 것인데, 그즈음의 두 아들은 아직 어린 아이에 불과한 때였다.

혼란한 대외관계 속에서 떠나는 사행(使行)이기에 그 여정은 상당한 고초가 따를 수밖에 없다. 사행이 주는 막중한 임무는 국가적 책무를 완수하기 위해 사사로운 감정이 개입될 여지를 주지 않고 있다. 그러나 사행 도중의 중압감에서 잠시 벗어나 나라와 백성에 대한 걱정을 뒤로하면, 생각은 온통 고향집에 있을 두 아들에 대한 염려로 가득 차 있다. 맡은 바 소임을 완수하고자 하는 신하된 포은과 아들에 대한 아버지 포은으로서의 걱정이 먼 이역에서 서로 교차하고 있는 상황이다.

포은선생의 사행시(使行詩)에는 사행이 주는 힘겨움과 고향을 그리는 정서를 담아내고 있는 시들이 곳곳에서 나타나고 있지만 이렇게 구체적으로 가족을 지칭하며 지은 것으로는 이 시가 유일하다. 힘겨움이 가중될 때 인간은 본능적으로 가족을 찾게 된다. 이미 부모님을 여읜 포은선생에게 있어 두 아들의 존재는 위안이자 활력소가 되는 것이다.

손을 내밀면 닿을 듯한 두 아들이 있기에 힘든 사행 길을 버텨낼 수 있는 힘이 된다. 공무(公務)의 짐에서 잠시 벗어난 상태가 되자 더욱 그리운 얼굴들이다. 애틋한 부정(父情)을 '관심지양아(關心只兩兒)'라는 다소 무뚝뚝한 표현으로 뱉어냈지만 그 속에 감추어진 아들에 대한 아버지의 깊은 속정을 읽을 수 있다. 살가운 말보다 더 함축된 아버지의 정을 담아낸 표현이다.

현대인에게 주는 교훈

사행(使行)은 지금으로 치면 국가 간 현안을 논의하기 위해 파견하는 외교사절 행차를 말한다. 지금처럼 국가 간 대등한 관계에서 이루어지는 외교협상과 달리 고려말은 신흥 강대국인 명나라와의 우호관계를 유지하기 위해 사대적(事大的) 성향이 강한 외교를 할 수밖에 없는 상황이었다. 그런 까닭에 약소국인 고려의 국익을 최대한 얻어내기 위해서는 상당한 난관을 극복해야만 했다.

사행자들은 국가 간의 당면한 현안을 원만하게 풀어내기까지 극심한 심리적 고통을 받아야 함은 물론, 최악에는 목숨을 담보로 삼아야 하는 경우까지 생긴다. 사행은 이런 일차적 난관만이 존재하는 것이 아니다. 명나라 수도에 도달하기까지의 사행 과정 또한 험난하고 힘겨운 여정이다. 그 예는 포은선생의 첫 사행에서 여실히 드러나고 있다. 포은선생이 첫 사행의 임무를 무사히 마치고 귀국할 때 태풍을 만났다. 사행단은 13동안 표류한 끝에 구사일생으로 목숨을 건질 수 있었다. 이처럼 사행은 그 모든 과정이 어느 것 하나 마음 놓을 수 있는 상황에서 진행된다.

포은선생의 시 〈억종성 종본양아〉는 1차 사행 기간에 지은 것이다. 시의 내용은 이역 멀리에서 고향에 두고 온 두 아들 종성과 종본에 대한 그리움을 담고 있다. 공적 임무인 사행이기에 사행자의 뇌리 속에는 항상 사행의 목적을 완수하기 위한 중압감을 안고 있다. 잠시 그 중압감을 내려놓을 때나 그 중압감을 벗어나기 위해 이경(異景)을 노래하거나 그리운 고향을 떠올리게 된다. 중압감에서 벗어나 잠깐의 해방이 주어지자 포은선생은 고향에 두고 온 두 아들에 대한 그리움으로 나가고 있다.

첫 구 '온갖 염려 없어지니'는 바로 그런 중압감의 해방을 말하고 있다. 공무와 관련한 온갖 생각을 떨쳐내자 그 자리에는 어린 종성과 종본 두 아들이 자리 잡게 된다. 아직 어머니의 품속을 떠나지 못하는 어린 아들이기에 눈에 밟히는 것이다. 그런 아들들이 옛 시를 욀 줄 알 정도로 영특했으니 아들에 대한 아버지의 자부심이 드러난다. 먼 타지에서 어린 자식에 대한 걱정과 영특함을 기뻐하는 아버지의 정(情)이 고스란히 묻어나고 있다.

5~6은 자식에 대한 가르침을 보이고 있다. '나에게 무슨 적선이 있겠는가'는 '적선지가필유여경(積善之家必有餘慶)'에 대한 말이다. '선한 일을 많이 한 집안에는 반드시 남는 경사가 있다'라는 뜻으로, 좋은 일을 많이 하면 후손들에게까지 복이 미친다는 말이다. 포은선생은 자식들에게 음덕(陰德)을 바라지 말고 스스로 열심히 공부하여 자신의 길을 개척하라는 가르침을 내리고 있다. '이름 떨침은 너희들 스스로 기약하라'는 말은 스스로 학문에 힘써 입신양명(立身揚名)하라고 당부하는 것이다.

7~8구는 어린 자식에 대한 애틋한 아버지의 마음이 묻어난다. 어린 너희들이 장성할 즈음에는 이 아비는 쇠약한 늙은이가 되었을 거라고 말한다. 포은선생이 사행을 떠날 때의 나이가 36이었다. 지금이야 많은 나이가 아니지만 당시로서는 초로(初老)가 멀지 않은 나이다. 그러므로 두 아들은 늦둥이가 된다. 늦

둥이를 가진 부모의 심정은 더 애틋할 수밖에 없다. 홀로 설 수 있을 때까지 버팀목이 되어주고 싶은 것이 부모의 마음이다. 포은선생의 바람이 간절했던지 이후 종성은 이조참의(관리의 임에 관한 업무, 정삼품 벼슬)에 올랐고, 종본은 좌헌납(간관의 업무, 정오품 벼슬)에 올랐다.

사행이란 막중하고 힘겨운 소임 중에도 고향에 두고 온 자식에 대한 염려와 기대, 그리고 그리움에 대한 애틋한 정은 우리 시대 아버지와 다를 바가 없다. 절제된 심경에서 우러난 아들에 대한 애정과 바람을 읽어낼 수 있다. 어느 광고 문구가 생각난다. "부모는 멀리 보라 하고, 학부모는 앞만 보라 합니다. 부모는 함께 가라 하고, 학부모는 앞서 가라 합니다. 부모는 꿈을 꾸라 하고, 학부모는 꿈꿀 시간을 주지 않습니다. 당신은 부모입니까? 학부모입니까?" 우리 시대에 포은선생이 태어났다면 과연 어떤 가르침을 줄까 궁금하다.

思 歸 白 髮

생각 **사**　　돌아갈 **귀**　　흰 **백**　　터럭 **발**

思 : 생각 (사) / (心 − 9획)
歸 : 돌아갈 (귀) / (止 − 18획)

白 : 흰 (백) / (白 − 5획)
髮 : 터럭 (발), 머리털 / (髟 − 15획)

[출처]

洪武丁巳奉使日本作(홍무정사봉사일본작)

홍무 정사년에 일본으로 사신 가서 지음

水國春光動(수국춘광동)　　물나라에 봄빛이 생동하지만,

天涯客未行(천애객미행)　　하늘가 나그네는 돌아가지 못하네.

草連千里綠(초련천리록)　　풀은 천리나 이어져 푸르고,

月共兩鄕明(월공양향명)　　달은 두 나라를 함께 비추네.

遊說黃金盡(유세황금진)　　유세하느라 황금은 다 되었고,

思歸白髮生(사귀백발생)　　돌아가고픈 마음에 백발이 생겨나네.

男兒四方志(남아사방지)　　사나이 사방에 뜻을 둔 것은,

不獨爲功名(부독위공명)　　한갓 공명만을 위한 것은 아니라네.

『포은집』 권1

사자성어의 의미

'사귀백발(思歸白髮)'을 직역하면 돌아갈 생각에 머리털은 세져 버렸다는 뜻이 된다. '사귀(思歸)'는 돌아갈 생각이지만, 이때 '귀(歸)'는 돌아갈 또는 돌아올 대상인 고향을 지칭하는 것이다. 따라서 '사귀'는 통상적으로 고향을 생각한다는 의미를 지니고 있다. 다시 돌아가서 '사귀백발'이 지닌 의미를 생각해 볼 때 두 가지의 숨은 뜻이 있다. 시간의 경과에 따라 백발이 생긴 것과 못내 그리움이 사무쳐 백발이 생긴 것으로 이해할 수 있다.

포은선생의 일본 봉사(奉使)는 1377년, 선생의 나이 41때 이루어졌다. 그 해 9월에 출발하여 다음 해 7월에 돌아왔으니 11개월의 여정이었다. 포은선생의 일본 봉사는 그 출발부터 힘겨움을 예고하고 있었다. 앞서 사신으로 간 나흥유(羅興儒)가 일본의 주장(主將)에 의해 감금되어 죽음 직전에서 돌아왔다. 포은선생의 봉사는 그런 사건이 있었던 직후에 출발하였다.

불편하고 위험한 상황에서 이루어진 봉사인 까닭에 맡은 바 소임을 완수하기가 결코 순탄치 않다. 그 과정에 얼마나 많은 공력과 팽팽한 긴장감이 돌았을지 상상이 가는 상황이다. 이런 과정을 거치고 봄을 맞았으니 고향에 대한 그리움은 간절하게 나타날 수밖에 없다. 고향 생각에 젖을 무렵 그 간의 여정으로 인해 어느새 머리카락은 세어져 하얗게 변해 버린 것이다. 그런 점에서 '사귀백발'은 봉사를 떠난 이후 소임을 완수하기 위한 각고(刻苦)의 노력에 따른 결과물이라 할 수 있다.

'사귀백발'을 다른 각도에서 본다면 백발은 고향에 대한 사무친 그리움이 화한 것으로도 볼 수 있다. 사신으로서 명령을 받들어 이역으로 떠날 경우 고향에 대한 그리움은 봉사를 떠난 이후 줄곧 따르게 마련이다. 특히 봉사의 임무가 험난할 경우 위안의 대상처를 찾을 것이고, 그 대상은 마음의 안식처가 되는 고향이 될 수밖에 없다. 봉사가 주는 현실적 무게감에서 벗어나 마음의 안정을 찾기에는 포근한 고향만 한 것이 없다. 더욱이 달빛이 비치는 아름다운 봄날은 고향을 그리는 사무친 마음을 전달하기에 가장 알맞은 시공간적 배경이 된다. 백발은 봉사 기간의 시간적 거리를 말할 수도 있지만 여기서는 고향에 대한 그리움의 정을 극대화한 표현으로 볼 수 있다.

현대인에게 주는 교훈

시의 제목은 〈홍무정사봉사일본작(洪武丁巳奉使日本作)〉이다. 홍무(洪武)는 명나라 태조의 연호(年號)이며, 정사(丁巳)는 정사년으로 1377년을 말한다. 여기서 중국의 연호를 사용한 유래부터 살펴본다. 우리의 연호를 쓰지 않고 중국의 연호를 쓰기 시작한 것은 신라 시대 당(唐)나라 고종의 연호를 갖다 쓴 데서부터 출발한다. 신라가 당의 세력을 끌어들여 삼국을 통일하기 위해 사대(事大)를 하면서부터 시작하였다. 이후 고려는 송나라, 조선은 명나라와 청나라의 연호를 쓰게 되었다. 중국의 연호를 쓴다는 것은 속국을 의미하는 것이며, 중국 입장에서 역사를 기술하는 것을 말한다. 이에 대한 반성적 시각이 필요하다. 시로 돌아가 '사귀백발'에 드러난 포은선생의 생각을 읽어본다.

시의 시작은 시각적 배경을 드러내고 있다. 수국(水國), 즉 섬나라 일본에 온 지도 벌써 반년이 지나 봄이 되었다. 봄은 양(陽)의 기운이 준동(蠢動-꿈틀거리며 일어남)하여 만물을 소생시키는 계절이다. 모든 생명의 기운이 움 터는 봄날은 움츠렸던 만물들을 불러일으킨다. 봄날의 밝은 기운이 화자에게도 미쳤지만 오히려 마음은 봄기운과 상반되게 외로움으로 나가고 있다. 하늘가 나그네로 와 있는 화자에게는 함께할 수 없는 봄날이기에 더 큰 애상에 젖어들게 하는 요소가 된다.

이어진 3~4구도 같은 시상으로 연결되어 있다. 봄기운을 상징하는 초록 풀빛이 온 천지를 잇고 있다. 겨우내 움츠렸던 기운을 봄과 함께 발산하고픈 심정이다. 그러나 고향의 봄이 아닌 이역의 봄은 봉사자(奉使者)의 입장에서 함께할 수 있는 봄이 아니다. 고개 들어 바라본 하늘의 달을 매개로 고향과 연결하고 있다. 지금쯤 고향의 가족들도 달을 보며 화자를 그리듯, 화자도 달을 보며 고향의 그리운 이들을 가슴에 품고 있는 것이다. 달은 고향의 사랑하는 사람과 화자를 연결하는 매개체 구실을 한다. 고향에 대한 간절한 그리움이 푸르른 풀과 둥근 달로 이어져 서로의 고리를 연결하고 있다.

5~6구는 봉사가 주는 현실적 어려움을 제시하여 고향에 대한 간절한 그리움을 드러내고 있다. 왜구의 침요(侵擾-침략하여 혼란스럽고 어지럽게 함)를 막기 위해 봉사자의 임무를 띤 화자는 주장(主將)을 만나 설득하느라 가지고 온 자금이 바닥을 보이는 상황이다. 힘든 사행의 임무와 경제적 빈곤은 봉사자로 하여금 고향에 대한 간절함으로 나타나고 있다. 돌아가고 싶지만 돌아갈 수 없는 현실 앞에서 고향은 더 큰 그리움의 대상이 되어 돌아온다. 백발은 고향에 대한 그리움의 깊이를 담아낸 화자의 또 다른 표현인 셈이다. 비록 고향에 대한 그리움으

로 지금은 깊은 애상에 잠기지만 돌아갈 수 있는 고향이 있다는 것은 새로운 희망을 부여하는 것이다. 거기 언제나 변하지 않는 고향이 있기에 지금의 고난을 견뎌낼 수 있는 힘이 된다.

7~8구에서는 고향을 통해 재생한 힘이 봉사자 본연의 자세로 다시 돌아오게 하고 있다. 화자는 웅대한 기상을 '사방지(四方志)'에 담아내고 있다. '사방지'는 천하를 경략할 원대한 이상 또는 온누리를 덮을 만한 기상을 뜻한다. 사방지의 원천은 고향이다. 어린 아이는 어머니의 품이 있어 넘어지고 쓰러져도 다시 일어날 수 있다. 장대한 기상, 원대한 이상은 어머니의 품, 고향이라는 원천적 에너지에서 나오는 것이다. 삶의 굴곡 속에서 무수한 난관에 부딪칠 때마다 어머니를 생각하고 유년의 꿈이 있는 고향을 생각한다. 포은선생이 보여준 고향에 대한 간절한 그리움은 세상에 태어난 이래 가지고 있는 에너지의 원천인 셈이다.

대도시의 삶에 익숙한 현대인들에게 고향은 의미 없는 것으로 비쳐질 수 있다. 이 아파트에서 저 아파트로 이사하며 살아왔던 삶이기에 고향의 의미는 퇴색되고 고향이란 의미마저 희미하게 자리할 뿐이다. 고향은 굳이 복숭아꽃·살구꽃이 피는 봄동산이 있는 시골이 아니어도 좋다. 가서 쉴 수 있는 곳, 내 마음의 번뇌를 내려놓을 수 있는 곳이면 족하다. 잃어버린 꿈을 되돌아 볼 수 있는 마음 넉넉한 고향을 품고 살았으면 한다.

국무회의 자리마다 국화를 놓은 뜻은
구구절절 말하지 않아도 당신 속마음 잘
헤아린 다음, 알아서 잘 하라는 뭐 그런?

설마
기란 뜻
아니겠지

花不解語

소통하고
사랑하라

7

漂 母 高 風

떠다닐 **표**   어머니 **모**   높을 **고**   바람 **풍**

漂 : 떠다닐 (표), 빨래하다 / (水 - 14획)   高 : 높을 (고) / (高 - 10획)
母 : 어머니 (모) / (毋 - 5획)   風 : 바람 (풍), 풍속, 기질 / (風 - 9획)

[출처]

漂母塚(묘포총) 빨래하던 할미의 무덤

漂母高風我所歆(표모고풍아소흠)   빨래하던 할미의 높은 인품을 내가
흠모했는데,

道經遺塚爲傷心(도경유총위상심)   길이 옛무덤을 지나다보니 마음 아팠네.

莫言不受王孫報(막언불수왕손보)   왕손의 보답을 받지 않았다 말하지 마소,

千古芳名直幾金(천고방명직기금)   천고의 꽃다운 이름이 천금 값어치는
되리라.

『포은집』 권1

사자성어의 의미

　'표모고풍(漂母古風)'의 사전적 의미는 '빨래터 아낙의 높은 기품' 정도로 해석할 수 있다. 그러나 표모와 관련한 고사를 고려한다면 '빨래하던 할미의 높은 인품'으로 보는 것이 적당하다. 이 고사는 『사기(史記)』 〈회음후열전(淮陰侯列傳)〉에 나온다. 한나라의 명장 한신(韓信)이 젊은 시절 고생할 때, 그를 위해 밥을 준 빨래하던 할미와 관련된 이야기다. '표모(漂母)'보다는 '일반천금(一飯千金 - 천금보다 귀한 밥 한 그릇)'이란 고사성어가 더 익숙하게 전하고 있다. 관련 이야기는 다음과 같다.

　한신(韓信)은 일찍 부모를 여의어 몹시 궁핍한 어린 시절을 보냈다. 너무 가난한 탓에 하루 세끼를 먹기가 힘들 정도여서 아는 사람을 찾아 걸식(乞食)할 수밖에 없었다. 젊은 시절 하급관리로 있던 친구 집에서 손님으로 있을 때의 일이다. 친구의 아내는 밥을 얻어먹는 한신이 못마땅하여 며칠 동안 계속 일찍 일어나 밥을 지어 자기 식구끼리 식사를 끝내고는 한신의 식사는 챙겨주지 않았다. 한신이 일어나 솥에 아무것도 없는 것을 보고는 어쩔 수 없이 친구의 집을 떠나게 되었다.

친구 집을 나온 한신은 주린 배를 채우기 위해 강가에서 낚시하고 있었다. 그때 강가에서 빨래하던 노파가 한신이 주린 것을 보고 불쌍히 여겨 늘 자신의 밥을 나누어 주었다. 한신은 고마운 마음에 "반드시 크게 보답하겠습니다"라고 말했다. 그러자 노파는 "대장부가 끼니도 해결 못하기에, 내가 왕손을 불쌍히 여겨서 밥을 주었을 뿐이니, 어찌 보답을 바라겠는가.[대장부불능자식 오애왕손 이진식 기망보호(大丈夫不能自食 吾哀王孫而進食 豈望報乎)]"라고 말했다.

나중에 한신은 유방(劉邦)이 항우(項羽)를 멸하고 한나라를 일으키는 데 큰 공을 세워 초왕(楚王)에 봉해졌다. 금의환향(錦衣還鄕)한 한신은 예전의 빨래하는 노파를 찾아 음식을 대접하고는 천금을 하사하였다. 여기에서 '일반천금'이란 고사가 나오게 되었다. '일반천금(一飯千金)'은 노파가 준 밥 한 그릇이 천금으로 돌아온다는 것으로, 조그만 은혜에 크게 보답한다는 의미로 사용되고 있다.

'표모고풍(漂母高風)'은 포은선생이 사행을 하는 도중에 퇴락해 가는 '표모총(빨래하던 할미의 무덤)'을 보고 애상에 젖어 지은 시구이다. 지금은 퇴락해 버린 할미의 무덤이지만 그 무덤에 얽힌 할미와 한신의 따뜻한 정과 의리는 천 년이 지난 지금에도 여전히 온기를 남겨 전하고 있다. '표모고풍'은 이름 없는 할미의 따뜻한 손길이 품어내는 위대한 사랑의 결실을 보여주고 있다.

현대인에게 주는 교훈

세상을 살아가면서 우리는 많은 사람들과 다양한 관계 속에서 인연을 맺고 있다. 그 중에서 가진 자의 입장이 되었을 때의 인연과 반대로 불우한 처지에 놓여있을 때의 인연을 나누어 생각할 수 있다. 각자가 처한 입장에 따라 만나게 되는 인연을 어떻게 만들어가야 할지, 부귀나 권력을 가진 자의 입장에서 살펴보자.

가진 자라면 응당 힘없고 가난한 사람을 도와 그들이 온전히 설 수 있도록 해야 하는 것이 가진 자의 사회적 역할이라 생각할 것이다. 그러나 현실에서는 약자를 무시하고 그들과는 인연을 만들지 않으려고 한다. 오히려 가진 자들끼리 모여 그들만의 성(城)을 쌓아 더 많은 탐욕의 성을 만들어가고 있다. 가진 자가 부귀나 권력이라는 탐욕에 빠져 쾌락과 교만만을 일삼는다면 이 사회는 혼돈에 휩쓸리게 된다. 그래서 노블리스 오블리제(noblesse oblige)를 외치고 있는 것이다. 사회 고위 지도층은 높은 수준의 도덕적 의무와 사회에 대한 책임을 요구한다. 그들이 솔선수범할 때 사회는 통합이 되고 약자는 자기의 자리에서 설 수 있게 된다.

반대로 불우한 처지에 놓여있을 때의 인연을 보자. 두 부류로 나눠 생각할 수 있다. 한 부류는 힘든 가난에서 벗어나기 위해 가진 자에게 빌붙어 억지 인연을 만드는 경우이다. 요행이 그런 인연을 만나 가난을 벗어나 부를 축적했다고 하자. 이는 인연의 소중함이나 순수성과는 동떨어진 것이다. 따라서 이런 인연의 쟁취자는 가진 자의 병폐를 답습한 모습으로 나타나게 된다. 다른 부류는 힘들고 어렵지만 인성을 잃지 않고 서로의 가치를 존중해주는 소중한 인연이다. 비록 현실적 힘겨움이 따를 수 있겠지만 소중한 가치들이 인연의 끈을 만들어 쉬 끊어질 수 없는 만남이 된다.

포은선생의 시 〈표모총〉에서 두 인물을 떠올릴 수 있다. 두 인물은 하급관리로 있던 한신의 친구와 강가에서 빨래하던 노파이다. 이들 모두 한신에게 있어서 서로 인연을 맺은 인물들이다. 한신이 맺었던 두 인물과의 인연에 있어 그 결과는 사뭇 다르게 나타나고 있다. 한신의 친구는 밥 한 그릇이 아까워 새벽 일찍 자기 식구들끼리 식사를 끝내버리고 한신에게는 아무것도 남겨주지 않았다. 궁핍한 살림을 고려한다면 친구와 그 아내의 심정을 헤아릴 수 있다. 그러나 자그마한 욕심이 인연의 소중함을 끊어버리는 결과를 초래한 것이다. 초왕으로 봉해진 이후의 한신이 그 친구를 만났는지는 알 수 없으나 그 결과는 자못 궁금하다.

　반면 강가에서 빨래하는 할미[표모(漂母)]와의 인연은 한신을 한초(漢初) 삼걸(三傑)의 한 사람으로 만드는 계기를 마련했다고 볼 수 있다. 친구 집에서 나와 끼니를 때우기 위해 강가에서 낚시질하는 곤궁한 한신을 보고 표모는 그를 위해 여러 날 밥을 먹여주었다. 결코 부유할 수 없는 노파임에도 불구하고 자신의 식량을 떼어 주었던 것이다. 대장부가 끼니를 거르는 것을 측은히 여긴 표모의 인정이 그에게 음식을 나눠준 것이지 무엇을 바라고 한 것이 아니다. 그가 후일 천하를 통일할 대장군이 될 것을 예견하고 밥을 나눠준 것도, 천 년을 훨씬 넘어 이국의 사신 입에서 자신을 칭송받기 위해서 한 행동도 아닐 것이다. 측은히 여기는 어진 마음이 그녀로 하여금 한 끼 식사를 나누게 하였다.

　우리는 살아가면서 무수한 인연을 맺는다. 나는 과연 어떤 인연의 끈을 맺고 있는지, 어떻게 맺을 것인지 생각해 볼 문제다. 이해관계 속에서 잇속만을 위한 인연의 고리만을 잡으려고 하는지, 인연의 소중함을 귀히 여겨 서로에게 소중한 존재로 남을 수 있게 할 것인지는 우리들의 몫이다. 『명심보감』에 "범사유인정 후래호상견(凡事留人情 後來好相見)"이란 말이 있다. "모든 일에 따스한 정을 남겨두면 훗날 좋은 얼굴로 다시 만날 수 있다."라는 뜻이다. 살아가면서 어떻게 또는 어떤 식으로 다시 만남이 이루어질 아무도 알 수 없다. 포은선생이 표모의 높은 기풍을 흠모한 데는 이유가 있다. 남을 따뜻하게 맞이하고 대하는 일이야말로 사랑의 원리이며 인간 최고의 미덕이다. 표모는 작은 인연을 소중히 하고 그 인연을 사랑으로 감싸 안았던 것이다.

花 不 解 語

꽃 화　　　아닐 불　　　풀 해　　　말씀 어

花 : 꽃 (화), 빨래하다 / (⺿ – 8획)　　解 : 풀 (해), 깨닫다 / (角 – 13획)
不 : 아닐 (불 / 부) / (一 – 4획)　　　語 : 말씀 (어) / (言 – 14획)

[출처]

庭前菊花嘆(정전국화탄) 뜰 앞의 국화를 탄식함

앞 부분 생략

人雖可與語(인수가여어)　　　사람은 함께 말할 수 있으나,

吾惡其心狂(오오기심광)　　　거만한 그 마음 나는 싫어라.

花雖不解語(화수불해어)　　　꽃은 비록 말을 알아듣지 못해도,

我愛其心芳(아애기심방)　　　꽃다운 그 마음 나는 사랑한다.

平生不飮酒(평생불음주)　　　평소에 술을 마시지 않지만,

爲汝擧一觴(위여거일상)　　　너를 위해 한 잔 술을 들리.

平生不啓齒(평생불계치)　　　평생 웃지 못하지만,

爲汝笑一場(위여소일장)　　　너를 위해 한바탕 웃어 보리라.

菊花我所思(국화아소사)　　　국화는 내가 사랑하는 꽃이요,

桃李多風光(도리다풍광)　　　도리화는 풍광이 좋다.

『포은집』 권2

사자성어의 의미

'화불해어(花不解語)'를 글자 그대로 풀이하면 '꽃은 말을 이해하지 못 한다'이다. 여기서 말하는 꽃은 '뜰 앞의 국화를 탄식한다'고 했으니 꽃을 통틀어 칭하는 것이 아니라 국화를 의미한다. 말[語]은 사람의 말을 가리키므로 국화는 사람의 말을 이해하지 못한다는 의미가 된다. 사람의 말을 국화가 이해하지 못함은 당연한 사실이다. 그러나 정작 포은선생과 통하는 것은 말이 통하는 사람이 아니라 국화다.

포은선생은 말을 하는 대상이 사람이기에 함께 말할 수는 있으나 거친 마음을 가진 사람을 미워한다고 했다. 반면 국화는 말을 알아듣지 못하지만 국화의 그 마음을 사랑한다고 했으니 포은선생과 진정으로 통하는 것은 사람이 아니라 국화가 된다. 말을 이해할 수 없는 국화가 어떻게 사람과 통할 수 있는가 생각해 볼 필요가 있다.

국화(菊花)를 흔히 군자화(君子花)라고 한다. 국화를 포함해서 매화(梅花)·난초(蘭草)·죽(竹)를 일컬어 사군자(四君子)라고 칭한다. 이들 네 식물을 사군자라 칭한 까닭은 개별적으로 군자적 인품과 정신을 지녔기 때문이다. 매화는 이른 봄 추위를 무릅쓰고 제일 먼저 꽃을 피운 까닭에 굽힐 줄 모르는 지조를 지닌 선비정신을 뜻한다. 난은 번잡하지 않고 곧게 뻗은 잎의 기세와 단출하면서도 고고한 자태를 지녀 선비의 절개를 상징한다. 죽은 추운 겨울에도 푸른 잎을 유지하며 곧게 뻗은 모습을 보이고 있어 강직과 절개의 선비정신을 상징한다. 국은 늦은 가을 서리를 무릅쓰고 늦게까지 꽃을 피우고 있어 의(義)를 지키는 굳은 지조의 상징을 말하고 있다.

포은선생이 국화를 두고 말을 알아듣지 못해도 그 마음을 사랑한 이유가 바로 여기에 있다. 혼란한 정국 속에 자신의 잇속을 위해 아침저녁으로 말을 바꾸는 소인배를 미워하지 않을 수 없다. 반면 뭇서리를 이겨가며 모든 꽃들이 시든 후에도 홀로 꽃을 피우는 국화를 보고서, 의(義)를 잃지 않고 자신의 굳은 지조를 지켜나가는 군자의 모습을 보았다. 바로 자신이 추구하는 모습을 국화에서 찾은 것이다. 국화와는 말로써 말을 통할 필요가 없다. 이미 내가 국화이고 국화가 나이기 때문이다.

현대인에게 주는 교훈

'절친'이니 '베프'라는 말이 있다. 기성세대는 무슨 의미인지 알지 못하는 말일 수도 있다. 학생들 사이에는 온전한 말보다는 이를 줄여서 자신들만의 소통언어로 사용하여 그들만의 공간을 확보하려는 경향을 보이고 있다. '절친'은 절친한 친구를 줄여서 한 말이고 '베프'는 영어 베스트 프랜드(best friend)를 줄인 말이다. 학생들은 그들만의 공간에서 그들만의 문화로 소통하고 있다. 어떤 식으로든 소통은 인간관계에서 중요한 역할을 차지한다고 할 수 있다.

포은선생은 국화와 소통을 하고 있다. 〈뜰 앞의 국화를 탄식한다〉는 시에서 "꽃은 말을 알아듣지 못해도, 꽃다운 그 마음 나는 사랑한다[화수불해어 아애기방심(花雖不解語, 我愛其心芳)]"라고 말했다. 사람은 사람과 소통해야 하는데 포은선생은 사람을 두고 국화와 소통을 하고 있다. 왜 사람을 제쳐두고 말을 알아듣지 못하는 국화와 소통을 하는 것일까? 포은선생은 그 이유를 당시 사람들의 마음씀에 두고 있다. 사람끼리는 서로 말로써 소통할 수 있지만 말이 오히려 소통을 방해하고 있다. 소통은 쌍방향에서 이루어져야 한다. 그런데 자신만을 생각하여 이기적이고 거만하며 심지어는 포악하기까지 하다. 상대와의 소통은 없고 오직 자신만의 일방향만 있다. 더욱이 광포한 마음의 일방향은 그 도를 넘어서고 있는 것이다. 어찌 미워하지 않을 수 있겠는가? 포은선생이 소통의 단절을 선언한 이유가 여기에 있다. 그 자리를 대신해 국화가 들어왔다. 국화는 말이 없다. 말이 없이도 소통은 가능한 것일까? 석가모니와 그의 제자 가섭의 일화를 생각할 수 있다.

어느 날 석가모니께서 제자들을 영취산에 모아놓고 설법을 하였다. 그때 하늘에서 꽃비가 내렸다. 세존은 손가락으로 연꽃 한 송이를 말없이 집어 들고 [염화(拈華)] 약간 비틀어 보였다. 제자들은 세존의 행동을 알 수 없었다. 다만 가섭만이 그 뜻을 깨닫고 빙그레 웃었다[미소(微笑)]. 그제야 세존도 빙그레 웃으며 불교의 진리를 전했다.

이 일화를 통해 '염화미소(拈華微笑)'라는 말이 나왔다. 세존이 연꽃을 집어 들자 제자 가섭은 왜 미소를 지었을까? 세존이 연꽃을 들어 보인 까닭은 비록 연꽃이 탁한 연못에서 피어나지만 아름답고 깨끗하기 그지없음을 말하고자 한 것이다. 이는 혼탁하고 어지러운 세상에서 오히려 인간이 깨달음을 얻어 부처의 경지에 오르게 된다는 진리를 말한 것이다. 마음에서 마음으로 전하는 가르침이요 깨달음이다.

세존과 그의 제자 가섭이 연꽃을 통해 마음에서 마음으로 그 깨달음을 전했다면, 포은선생은 국화를 통해 마음에서 마음으로 하나의 진리를 터득한 것이다. 꽃은 스스로 아무 말도 하지 않는다. 꽃은 사람의 말을 알아들을 수 없다[화불해어(花不解語)]. 포은선생과 국화는 말없이 마음으로써 마음을 전한[이심전심(以心傳心)] 것이다. 국화는 포은선생에게 무엇을 전했을까? 반면 포은선생은 국화에게 어떻게 화답했을까?

국화는 서리에도 굴하지 않는[오상(傲霜)] 굳고 고결한 지조[고절(孤節)]를 몸소 보여주었다. 그러면서도 은은한 기품과 그윽한 향기를 품어내어 포은에게 군자가 나가야 할 본연의 길을 말없이 전한 것이다. 포은선생은 국화가 마음으로 전하는 가르침을 온전히 깨달았기에 그 마음을 사랑하지 않을 수 없다고 했다. 그 깨달음의 기쁨을 한 잔 술을 들어 한바탕 크게 웃어 보였다. 마치 세존이 연꽃을 집어 든 데 대해 가섭이 미소로 응답하는 '염화미소', '이심전심'이 포은선생에게서도 이루어진 것이다.

우리는 눈에 보이는 것이 사실이고 진실이라고 착각하고 살아가는 것은 아닌지 생각해보아야 한다. 사물의 뒤에 감추어진 본질을 잊고 사는 것은 아닌지 반문해볼 필요가 있다. 달을 보기 위해 달을 가리킨 손가락만을 볼 것이 아니라 손가락이 가리킨 궁극적 대상인 달을 보아야 한다. 때로는 마음을 비워 주위의 사물을 조용히 응대해 마음과 마음으로 소통할 필요가 있다. 마음을 닫고서는 아무것도 들어올 수 없다. 소통은 열어둘 때 가능한 것이다.

이별, 그러나
늘 그 자리에 있다

8

無 從 涕 泣

없을 **무**　　좇을 **종**　　눈물 **체**　　울 **읍**

無 : 없을 (무) / (灬 － 12획)　　　涕 : 눈물 (체) / (氵 － 10획)
從 : 좇을 (종) / (彳 － 11획)　　　泣 : 울 (읍) / (氵 － 8획)

[출처]

哭李浩然(곡이호연)　이호연을 곡하며

屈指論交三十年(굴지논교삼십년)　　손꼽아 헤어보니 논교가 삼십 년이니,

清談幾度共燈前(청담기도공등전)　　맑은 담론 몇 번이나 등불 앞에서 함께
　　　　　　　　　　　　　　　　했던가.

白頭失此知心友(백두실차지심우)　　백발되어 마음의 벗 잃고 말았으니,

誰謂無從涕泣然(수위무종체읍연)　　까닭없이 눈물 흘린다 뉘 말하리오.

『포은집』 권2

사자성어의 의미

'무종체읍(無從涕泣)'에서 '무종'은 '아니 좇는다'로 풀이해서는 뒤의 '체읍'과 의미가 통하지 않는다. 여기서 '무종'은 '까닭없이'로 풀어서 해석하는 것이 적절하다. '체읍'은 '눈물을 흘리며 슬피 운다'는 뜻이다. 따라서 '무종체읍'은 '까닭없이 눈물 흘리며 슬피 운다'로 풀이하는 것이 적절하다.

슬픔으로 인해 흘러내리는 눈물에는 까닭이 없을 리 없다. 특히 소중히 여겼던 사람과 헤어질 경우에 흐르는 눈물은 자연스러운 현상이다. 애중히 여겼던 동식물조차도 이별 앞에서 눈물을 흘릴 양이면, 사랑하는 이와의 헤어짐은 체읍(涕泣)을 동반하는 것이 지극히 자연스럽다. 더욱이 지음(知音)과 헤어지는 상황이라면 피붙이와의 이별만큼이나 큰 슬픔으로 다가오게 된다.

우리는 서로의 속마음을 내비칠 수 있는 친구를 일러 지음(知音)이라고 한다.

지음은 죽마고우(竹馬故友), 지기지우(知己之友)와 같은 뜻을 지니고 있다. 지음은 중국 춘추전국 시대 거문고의 명수인 백아(伯牙)와 그의 친구 종자기(鍾子期)와의 고사에서 비롯되었다. 이들이 지음으로 불리게 데는 음악이 매개가 된다.

거문고의 명수인 백아가 자신의 생각을 곡조에 얹어 연주하면, 종자기는 묵묵히 듣고 있다가 그의 의중을 정확히 짚어 말했다. 백아는 자기의 음악을 진정으로 이해하는 사람은 종자기밖에 없다고 보았다. 그래서 소리[音]를 알아듣는[知]다고 하여 지음(知音)의 벗으로 사귀었다. 그러다가 종자기가 먼저 세상을 뜨자 백아는 종자기의 무덤에서 그를 위해 마지막으로 거문고를 연주한 후 줄을 끊어 버렸다. 이제 세상에는 자기의 거문고 소리를 알아들을 사람이 없다는 이유 때문이다. 이를 일러 백아절현(伯牙絕絃)이라 한다.

백아가 신분을 초월하여 종자기와 지음(知音)을 맺었다면, 포은선생은 이호연과 나이를 뛰어넘는 망년지우(忘年之友) 사이였다. 호연은 둔촌(遁村) 이집(李集)의 자(字)이며, 1314년에 태어나 1387년 죽었다. 성격이 솔직담백하고 뜻이 곧아 옳지 않은 것을 보면 지나치지 못하였다. 신돈을 논박하다 미움을 받은 후에 사직하고 여주로 내려가 자연과 벗 삼으며 여생을 보낸 인물이다. 포은선생이 1337년에 태어났으니 이호연이 23살이나 많다. 20년 이상의 나이 차이에 불구하고 서로의 인덕과 학문으로 사귀었기에 망년지우가 되었다.

포은선생은 망년지우로 사귀었던 이호연의 죽음 앞에서 생전의 기억을 떠올렸다. 나이를 생각지 않고 의기와 학문으로 투합했던 30년 지기인 이호연의 죽음은 포은선생의 가슴에 커다란 슬픔의 공백을 만들어 놓았다. 학문으로써 벗을 사귀고, 그 벗을 통해 자신의 인덕(仁德)을 키울 수 있는 벗을 만나기란 쉽지 않은 일이다. 학문적 토론과 청아한 담론을 일삼으며 한 세대를 같이한 이호연은 이문회우(以文會友—학문을 통해 벗을 모은다)이고 이우보인(以友輔仁—벗을 통해 자신의 인덕을 키운다)과 같은 존재이다. 그런 그와의 영원한 이별 앞에서 보인 포은선생의 체읍은 백아가 종자기를 생각하며 거문고를 끊는 심정과 다를 바가 없다.

현대인에게 주는 교훈

우리는 만남과 헤어짐을 말할 때 회자정리(會者定離)라는 말을 자주 사용한다. 만나면 언젠가는 반드시 헤어진다는 뜻으로 인간의 힘으로는 어찌할 수 없는 이별의 아쉬움을 일컫는 말이다. 그러나 헤어짐도 유형이 있다. 삶을 마감하는 영원한 이별이 있는가 하면 만남을 전제로 한 이별이 있을 수 있다. 따라서 죽음에 따른 이별이 아니라면 이자정회(離者定會)라는 말도 가능하다. 즉 헤어짐은 언젠가는 다시 만날 수 있다는 희망을 던져주기에 이별이 주는 아픔을 극복할 수 있게 한다.

포은선생은 〈곡이호연〉에서 지기(知己)와의 영원한 이별에 대한 아픈 심정을 시로 토로하였다. 벗의 죽음 앞에서 하염없이 흘리는 눈물은 벗과 함께한 지난 시간들에 대한 회상 때문이다. 동학으로 학문에 매진한 지가 30년이 지났다. 짧은 만남인 줄 알았는데 손을 꼽아 세어보니 어느새 한 세대가 지나버린 것이다. 손을 꼽고서야 시간의 흐름을 절감한다는 것은 이호연과의 만남이 그만큼 즐거웠다는 것을 말한다. 그 즐거움을 2구에서 밝히고 있다.

불을 밝혀가며 청아한 이야기들로 밤을 지새웠던 시간들이 잠깐 사이에 30년이란 세월의 틈새를 벌려놓았다. 그렇게 세월을 잊고 사귄 벗이 어느 날 이승과의 작별을 고하니 화자는 준비없는 이별을 맞이한 셈이다. 심우(心友)의 부재는 자신을 되돌아보게 하는 계기가 된다. 청운의 푸른 꿈을 품었던 젊은이는 어느새 백발이 성성한 노옹의 모습만 있을 뿐이다. 젊은 지기는 세월에 묻혀 자리를 비웠는데, 백발의 노인만 홀로 덩그러니 남아 그 자리를 지키고 있다. 벗이 남겨놓은 빈자리엔 그를 회상하며 눈물이 대신 채우고 있다. 화자는 심우와의 이별을 회상하며 깊은 애상을 드러내고 있지만 절제된 슬픔을 띠고 있어 더욱 애잔함을 자아내게 한다.

사람은 살아가면서 많은 만남이 이루어진다. 그 중에 평생의 반려를 만나기도 하고 일평생 같은 뜻을 나눌 동지(同志)도 얻게 된다. 백아가 만났던 종자기나 포은선생에 있어 이호연은 지음이라 할 수 있는 벗들이다. 그런 까닭에 그들과의 이별은 애통하지 않을 수 없다. 공자도 그가 가장 아낀 제자 안연(顏淵)의 죽음을 두고 "아아, 하늘이 나를 버렸구나! 하늘이 나를 버렸구나[천상여천상여(天喪予天喪予)]"라고 하며 통탄을 하였다. 사랑하는 사람일수록, 깊은 마음을 나눈 친구일수록 헤어짐에 따른 슬픔의 진폭은 더욱 크게 자리할 수밖에 없다. 사랑할 대상이 있다는 것은 행복하다. 그를 위해 울어 줄 수 있다는 것은 더 행복한 일이다. 죽음을 아름다운 세상에 잠시 소풍 다녀온 것이라고 한 어느 시인의 시를 소개하는 것으로 맺는다.

귀천(歸天)

천상병

나 하늘로 돌아가리라
새벽빛 와 닿으면 스러지는
이슬 더불어 손에 손을 잡고

나 하늘로 돌아가리라
노을빛 함께 단 둘이서
기슭에서 놀다가 구름 손짓하면은

나 하늘로 돌아가리라
아름다운 이 세상 소풍 끝내는 날
가서 아름다웠더라고 말하리라

離歌凄斷

| 떠날 이 | 노래 가 | 쓸쓸할 처 | 끊을 단 |

離 : 떠날 (리) / (隹 − 19획)
歌 : 노래 (가) / (欠 − 14획)

凄 : 쓸쓸할 (처). 무성하다 / (冫 − 10획)
斷 : 끊을 (단) / (斤 − 18획)

[출처]

贈尙州徐牧使(증상주서목사)

상주 서목사에게 줌

客路誰堪話此心(객로수감화차심)　　나그네 길 누가 감히 이 마음을 말하리,

離歌凄斷不成音(이가처단불성음)　　이별 노래 처절하여 소리가 되지 않네.

商山太守一杯酒(상산태수일배주)　　상산의 태수 한 잔 술이,

意與洛東江水深(의여낙동강수심)　　뜻이 낙동강 물과 같이 깊었네.

『포은집』 권2

사자성어의 의미

　'이가처단(離歌凄斷)'은 이별의 노래가 처량하여 애간장을 끊는다는 의미를 지닌다. '이가'는 벗을 전별(餞別)하는데 따른 슬픔을 노래한 것이다. 이어진 '처단'은 쓸쓸하고 처량하기가 창자가 끊어질 듯 견딜 수 없을 정도로 심한 심리적 상태를 말하고 있어, 벗을 전별하는 이의 심정이 어떠한지를 극명하게 보여주고 있다. 따라서 지기와의 헤어짐에서 부르는 이별의 노래가 상투적이고 의례적인 이별의 정(情)을 훨씬 넘어서고 있다. 오죽했으면 이별의 노래를 부른다고 했음에도 불구하고 소리가 되지 않을 정도였을까. 슬픔이 일시에 터져 나와 소리의 울림으로라도 전달된다면 슬픔이 정화라도 되겠지만, 소리로도 화해 낼 수 없는 이별이기에 슬픔은 겹겹이 포개지고 있다.

　이별은 현실적으로 헤어짐이 전제가 되지만 헤어짐 자체로 끝을 맺는다고는 볼 수 없다. 서로 다른 공간에 있는 까닭에 보내는 사람과 떠나는 사람이 단절된 닫힌 각자의 공간에서 머무르는 듯하지만 이는 단순한 공간적 배치에 불과하

다. 서로가 서로에 대한 간절한 바람이 있다면 각각의 공간은 초월을 통해 열린 공간이 될 수 있다. 마치 밤하늘의 달이 매개가 되어 이쪽과 저쪽을 연결하듯이 서로를 바라는 간절한 바람은 공간적 제약을 벗어나 소통의 길을 열게 하는 것이다.

위수강운(渭水江雲)이란 말이 있다. 위수(渭水)에 있는 나무와 강동(江東)에 떠 있는 구름이라는 뜻이다. 위수와 강동의 거리(距離)가 비록 멀리 떨어져 있지만 서로 먼 곳에 있는 벗을 간절히 그리워한다는 의미로 쓰이고 있다. 어떤 점에서는 공간적 이별이 더욱 공고한 우정을 만드는 계기가 될 수 있다. 항상 만날 수 있고 늘 곁에 있는 친구라면 우정을 더욱 돈독하게 쌓을 수는 있겠지만, 부재가 주는 우정의 깊이는 가늠할 수 없을 것이다. 막상 닥친 이별에서 친구의 부재가 보여주는 쓸쓸함과 외로움, 그리고 그리움에 애끓는 심정은 우정의 깊이를 재확인할 수 있는 계기가 될 수 있다. 뿐만 아니라 서로 간의 공간적 거리도 상사(相思)의 정으로 극복함으로써 우정은 더욱 공고하게 자리 잡게 된다.

현대인에게 주는 교훈

이별은 문학에서 영원한 주제가 되고 지금까지도 많은 시인묵객들이 이별을 노래하였다. 이별이 주는 인간 보편의 정서를 문학에서는 다양한 층위와 형상을 통해 보여주고 있어 독자로 하여금 이별의 정한(情恨)으로 애수(哀愁)를 짓게 한다. 포은선생의 시 〈증상주서목사〉는 상주 서목사와의 이별에 따른 슬픔을 진솔하게 보여주고 있다.

오랜 벗과의 짧은 만남, 또 다시 이어지는 긴 이별. 기약할 수 없는 이별이라면 헤어짐은 더 큰 애상을 낳게 만든다. 그런 까닭에 포은선생은 나그네로서 지금의 이 심정을 다 드러낼 수 없다고 했다. 막상 헤어짐의 시간이 되어 절절한 슬픔을 술 한 잔에 부친 이별가로 대신하지만 소리조차 낼 수 없을 정도의 슬픔으로 되돌아오고 있다. 서목사와의 헤어짐에 따른 지극한 슬픔이 이별의 끝일 수는 없다. 만남은 헤어짐이란 전제가 내포되었지만 반드시 그런 것만은 아니다. 여기에는 현실적 이별의 초월도 가능하다. 마음과 마음의 절실한 바람이 이를 가능케 하는 것이다.

포은선생은 한 잔 술에 서로의 뜻이 낙동강 물과 같이 깊다고 했다. 상산태수와의 이별주 한 잔에 서로의 뜻이 전달되고 있다. 낙동강 깊은 물과 같은 그들의 뜻이 무엇인지는 명확히 알 수 없지만 목민관로서의 도리, 학자로서의 길, 우국의 충절 등 다양한 뜻을 함께하자는 것으로 볼 수 있다. 이는 유자로서의 포은선생이 지닌 현실적 가치관이기 때문이다. 다른 한편으로 생각할 수 있는 빌미를 '상산(商山)'이 제공한다. 상산은 상주의 옛이름이기도 하지만 중국의 상산을 생각하게도 한다. 그렇다면 이별에 따른 '이가처단(離歌凄斷)'은 극복될 수 있다.

상산을 말하면 항상 '상산사호(商山四皓)'가 동반되어 나온다. 상산사호는 중국 진(秦)나라 말기에 난리를 피하여 상산에 살던 동원공(東圓公), 하황공(夏黃公), 녹리선생(甪里先生), 기리계(綺里季) 등 네 명의 저명한 학자들을 일컫는다. 그들은 벼슬을 하지 않고 오랜 세월 상산에 숨어 지냈다. 하산할 때는 다같이 80여 세가 되어 눈썹과 머리카락이 모두 하얗게 되어서 사람들은 이들을 일러 '상산사호'라 하였다.

포은선생은 '상산의 태수'를 언급함에 상산사호를 연상했을 것이다. 상산사호의 연상은 포은선생이 지향하고자 했던 삶의 모습일 수 있다. 혼란한 정치적 상황, 자신의 의지와 어긋나는 삶은 포은선생으로 하여금 현실에서 벗어나 지음과 더불어 자연에 동화되기를 바랐을 것이다. 그렇다면 지음과의 헤어짐은 애초부터 발생하지 않았을 것이고, 이별에 따른 '이가처단'의 애끓는 심정은 생각조차 하지 않았을 것이다. 그런 점에서 상산 태수와의 뜻이 낙동강 물과 같이 깊다는 말은 다른 의미로 받아들여질 수 있다. 즉 포은선생은 상산사호처럼 지음과 함께 자연에 귀의하여 유유자적한 삶을 살고 싶은 의중을 대신한 것이다. 이는 삶에서 늘 찾아오는 이별의 슬픔을 극복하는 하나의 대안이자 포은선생이 지향한 삶의 모습으로 이해할 수 있다.

친구는 인생에 있어 참으로 중요한 존재이다. 자신을 비쳐주는 또 다른 얼굴이 친구이다. 친구는 서로 동화되어 가는 존재들이다. 그런 까닭에 친구의 사귐은 중요하다. 『명심보감』〈교우편〉에 이런 구절이 있다. "선한 사람과 더불어 거하면 마치 향기로운 풀이 있는 방에 든 것 같아 오래 있으면 그 향기는 맡지 못하나 곧 더불어 향기에 동화되고, 선하지 못한 사람과 더불어 거하면 생선 가게에 든 것 같아 오래 있으면 그 냄새는 맡지 못하나 곧 더불어 비린 냄새에 동화된다. 붉은 주사(朱砂)를 지닌 자는 붉어지고 검은 옻을 지닌 자는 검어진다. 이런 까닭으로 군자는 반드시 그 더불어 거하는 사람을 삼간다." 어떤 벗을 사귀어야 할지 생각하게 하는 대목이다.

어떤 이를 벗으로 사귀느냐에 따라 자신의 길은 달라질 수 있다. 자신에게 해가 되는 이를 벗으로 삼으면 저도 모르는 사이에 나쁜 물이 들어 바른길에서 점점 멀어지게 된다. 먹을 가까이하는 자는 자신이 깨닫기도 전에 검게 된다는 근묵자흑(近墨者黑)을 생각할 수 있다. 결국 어떤 친구를 가까이 두고 사귀느냐에 따라 그 사람의 값이 달라진다. 공자는 내게 도움을 주는 세 종류의 이로운 벗[익자삼우(益者三友)]이 있다고 했다. 곧은 벗[직우(直友)]은 자신의 잘못을 바로잡아 주고, 신의 있는 벗[양우(諒友)]은 나를 성실로 이끌어주며, 아는 것이 많은 친구[다문우(多聞友)]는 나의 지식을 확장시켜준다. 어떤 친구를 사귀어야 할지 명약관화(明若觀火)하다. 친구의 중요성을 생각하며 친구와 관련된 명언 몇 가지를 제시한다.

우리들이 인생에서 가장 바라는 것은 우리가 가지고 있는 가능성을 끄집어 내어 줄 수 있는 사람이다. 이것이야말로 우정의 진수라고 할 수 있을 것이다. 상대의 장점을 마음으로 인정해 주는 것이다. 그렇게 하면 상대는 자신에게 자

부심을 갖고 그렇게 만들어준 당신에게 강한 우정을 느낄 것이다. ─노만 V. 필

　우정을 지키는 일은 새로운 친구를 사귀는 것보다 소중하다. 친구가 없는 것만큼 적막한 것은 없다. 우정은 기쁨을 더해주고 슬픔을 감해주기 때문이다. ─그라시안

　인간을 고독으로부터 구출해주는 유일한 것은 신뢰할 수 있는 우정이다. 운명이 위대한 사람들을 고독으로 쫓아버릴 때에도 그의 곁에 한 사람만은 남아 있도록 해준다. ─보나르

　인생에서 우정을 제거해 버림은 이 세계에서 태양을 없애버리는 것과 같다. 불사의 신들이 인간에게 베풀어 준 것 가운데 이토록 아름답고 즐거운 것이 또 있을까? ─키케로

　친구가 없는 사람은 행복할 수 없다. 또한 자신이 불행한 처지에 빠지기 전까지는 친구의 진가를 확실히 알 수 없는 것이다. ─토마스 풀러

　한 사람의 진실한 친구는 천 명의 적이 우리를 불행하게 만드는 그 힘 이상으로 우리를 행복하게 만든다. ─에센바흐

　친구란 내 부름에 대한 메아리이다. 좋은 친구를 만나고 싶거든 내가 먼저 좋은 친구가 되어야 한다. 사람은 끼리끼리 어울리는 법이다. 그리고 친구의 영향을 알 듯 모를 듯 젖어든다. 마치 안갯속에서 모르는 사이에 옷이 젖듯이. ─법정

역사를
돌아보다

9

嘆 息 駐 軒

탄식할 **탄**　　쉴 **식**　　머무를 **주**　　추녀 **헌**

嘆 : 탄식할 (탄) / (口 − 14획)　　駐 : 머무를 (주) / (馬 − 15획)
息 : 쉴 (식) / (心 − 10획)　　軒 : 추녀 (헌), 수레 / (止 − 18획)

[출처]

渤海古城(발해고성)　발해의 옛 성

渤海昔爲國(발해석위국)	발해는 예전 나라이니,
於焉遺址存(어언유지존)	여기에 빈터만 남아있네.
唐家許相襲(당가허상습)	당나라가 습격하였고,
遼氏肆幷呑(요씨사병탄)	요나라가 마음대로 병탄했네.
附我全臣庶(부아전신서)	고려에 귀속하여 모든 신하 예속되니,
于今有子孫(우금유자손)	지금까지 자손 이어서 내려오네.
遺民那解此(유민나해차)	남은 백성 이를 어찌 알 수 있나,
嘆息駐歸軒(탄식주귀헌)	탄식하며 돌아가는 수레 멈추어 보네.

『포은집』 권1

사자성어의 의미

　'탄식주헌(嘆息駐軒)'에서 '탄식'은 한숨을 쉬며 한탄하다이며, '주헌'은 수레를 멈춘다는 뜻이기에 여기서 '헌'은 일반적으로 쓰이는 추녀나 집을 뜻하는 것이 아니라 수레를 말한다. 따라서 '탄식주헌'의 사전적 의미는 탄식하며 수레를 멈추어 본다가 된다. 포은선생이 낯선 이역 땅에서 수레를 멈추고 탄식을 자아내게 만든 데는 나름의 이유나 대상이 있을 것이다. 그 대상은 바로 발해의 옛 성이다.

　발해의 옛 성을 바라보면서 포은선생은 남다른 감회에 젖었을 것이다. 역사는 단순히 지나간 시간의 결과물로만 볼 수 없다. 인간이나 국가는 영고성쇠(榮枯盛衰)의 연속성을 보여준다. 지금은 비록 자취만 남아 쓸쓸하고 초라한 모습일지라도 한때는 영광과 흥성(興盛)함을 누렸을 때가 있다. 그 대상이 남의 일이라면 역사의 잔해로 담담하게 바라볼 수 있겠지만, 우리의 지난 아픈 역사이고 지금도 그 편린이 남아있는 상황이라면 그에 따른 슬픔이나 탄식은 남다를 수밖에 없다. 특히 포은선생의 당대를 생각한다면 발해의 역사가 단순히 과거의 흔적으로만 볼 수 없는 것이다.

포은선생의 사행 길은 순탄한 시절의 여정이 아니다. 원·명의 교체라는 새로운 국제질서의 재편 속에서 고려의 국익을 최대한 보장받기 위한 치열한 외교전이 펼쳐져야 하는 시점에서 이루어진 사행이다. 그런 시점에서 지금은 남의 땅이 돼버린 요동에 이르러 지난 역사의 잔재를 바라보는 포은선생의 감회는 남다를 수밖에 없다. 과거 우리의 역사적 잔재는 단순히 과거로의 시간 여행으로 그칠 수 없다. 당면한 현실의 문제 앞에서 과거의 역사적 사실은 현재를 되돌아보는 온고(溫故)의 정신으로 환원되며 자신을 돌아보게 하는 계기를 마련한다. 따라서 발해의 옛 성을 바라보며 탄식한 포은선생의 긴 한숨에는 과거와 현재 그리고 미래가 상존(相存)한 충정의 고뇌가 묻어나 있다.

현대인에게 주는 교훈

포은선생은 여섯 차례의 명나라 사행 길에 올랐다. 이 가운데 두 차례는 입경(入境)을 불허하는 까닭에 국경에서 돌아오게 되어, 실질적인 명나라 사행 길은 네 차례였다. 포은선생이 사행 길을 떠난 시기는 100여 년간 원나라를 중심으로 전개되어온 동아시아 국제질서가 허물어지고 그 자리를 신흥국가인 명나라가 축(軸)이 되어 새로운 국제질서를 개편하는 시기였다.

여섯 차례의 명나라 사행 길과 한 차례의 일본 봉사(奉使)길이 험난한 여정이지만, 당대의 국제정세를 정확하게 읽고 판단할 수 있는 계기를 마련하였다. 그런 까닭에 포은선생은 시대의 흐름을 누구보다도 정확하게 읽을 수 있는 현실인식을 지녔던 분이다. 변화불측(變化不測)한 시대를 간파할 수 있는 포은선생의 안목은 사행 길에서 접하게 되는 역사의 자취와 접목되어 돌이킬 수 없는 역사에 대한 탄식으로 발하기도 하고 때로는 웅대한 바람으로 나타나기도 한다. 〈발해고성〉은 역사의 흔적 속으로 사라진 옛 나라 발해를 떠올리며 지은 시이다.

포은선생은 광활한 요동땅에 들어서자 우리의 옛 흔적을 만나게 되었다. 포은선생의 발해에 대한 인식은 사라진 왕국에서 출발한다. 발해는 예전 나라이고 지금은 빈터만 남아있다고 하여 발해에 대한 역사적 유허(遺墟-오랜 세월에 쓸쓸하게 남아 있는 옛터)의 흔적만을 말하고 있다. 이어서 발해가 멸하게 된 이유를 밝히고 있다. 당나라의 침략을 받았고 요나라에 의해 병탄되었다고 했다. 발해에 대한 포은선생의 정확한 역사인식이 아닐 수 없다. 발해에 관심을 가지고 발해를 우리나라의 역사 체계에 넣으려 했던 것은 일연(一然)의 『삼국유사』와 이승휴(李承休)의 『제왕운기』에서였다. 포은선생의 발해에 대한 인식은 일연이나 이승휴와 같은 생각이었음을 알 수 있다. 이러한 생각을 하게끔 하는 단서가 다음 구절에 보이기 있기 때문이다.

발해가 거란에 의해 멸망한 시기는 926년이다. 발해를 멸한 거란은 이후 거란국에서 요나라(938년)로 국명을 바꾸었다. 거란의 침략으로 멸망한 발해의 유민들은 대거 고려로 넘어오게 되었다. 포은선생은 당시의 역사적 사실을 '모든 신하 우리에게 예속되었다'고 말하고 있다. 그리고 그 자손들이 지금까지 이어온다고 했으니 발해를 우리의 역사 안으로 끌어들인 셈이 된다. 고구려를 계승한 고려나 고구려를 이은 발해나 그 근원은 같은 뿌리를 두고 있음을 인식한 데서 나온 것이다. 지금 포은선생은 그 역사의 현장에 있다. 역사의 흐름 속에 모든 것이 묻혀버리고 지금은 그 흔적만 남았으니 유민의 자손들이 어찌 자신의 역사를 알 수 있겠는가하고 탄식하였다. 마지막 구절의 '탄식하며 돌아가는 수레 멈추어 보네'는 발해의 멸망에 대한 안타까운 심정이 고스란히 묻어난 대목이다.

포은선생의 발해에 대한 회상은 역사적 사실에 대한 인식을 넘어서고 있다. 호탕한 기상을 지닌 포은선생의 기질을 고려한다면 발해는 단순히 사라진 과거의 역사에만 머물지 않았다. 발해를 우리나라의 역사체계로 끌어들이려 했던 포은선생의 역사인식으로 볼 때 요동은 고려의 웅지를 펼쳐야 할 우리의 영토임을 은연중에 내비친 신념으로 볼 수 있다. 비록 발해를 신라와 동등하게 바라보고 남북국시대론이란 학문적 신념으로 나가는 역사인식에는 미치지 못했다. 그러나 발해를 우리의 역사로 끌어들이려는 했던 점은 기존의 사가(史家)들도 보여주지 못한 자주적이고 진취적인 역사관이 아닐 수 없다.

역사는 주어진 것이 아니라 만들어 가는 것이다. 현실을 직시하여 정확한 시세(時勢)를 판단할 수 있는 통찰력과 과거의 역사적 사실이 주는 교훈을 접목한다면 앞으로의 방향성은 충분히 예측 가능하다. 그런 점에서 요동땅에서 내뱉은 포은선생의 탄식은 회고에 따른 애상감에 머무는 것이 아니라 미래에 대한 국제인의 고뇌에 찬 모습을 보여주고 있다.

지금의 이 순간도 시간이 지나면 역사로 남게 된다. 우리의 역사는 어떻게 남겨지길 바라고 있는지 생각해 보아야 한다. 외침으로 인한 상처투성이의 역사를 우리는 지니며 살았다. 그러나 중요한 것은 그러한 숱한 시련 속에서도 우리 민족의 전통을 유지·계승하며 지금의 역사를 이루었다는 사실이다. 기록 속으로 잊혀져간 무수한 역사를 생각한다면 당당한 우리의 모습을 지킬 수 있게 해준 이름 없는 선조의 고귀한 희생에 감사해야 한다. 역사는 우리의 얼굴이다. 비록 한때는 상처를 입고 때가 묻었다고 하더라도 그것은 우리에게 준 소중한 역사의 가르침이다. 요동땅, 지금은 묻혀지고 잊혀져 가는 우리의 고토(古土)이지만 지축을 울리며 말 달리던 선조의 기상만큼은 간직해야 한다. 그것이 후손된 우리의 몫이다.

豪 傑 起 窮

호걸 **호**　　뛰어날 **걸**　　일어날 **기**　　다할 **궁**

豪 : 호걸 (호) / (豕 – 14획)　　起 : 일어날 (기) / (走 – 10획)
傑 : 뛰어날 (걸) / (亻 – 12획)　　窮 : 다할 (궁). 궁하다 / (穴 – 15획)

[출처]

女眞地圖(여진지도)

曾聞楛矢貢明堂(증문노시공명당)　　일찍이 돌화살을 우리 조정에 바쳤다는데,

肅愼遺民此一方(숙신유민차일방)　　숙신의 후예들이 이 곳에 사는구나.

雪立白山南走遠(설입백산남주원)　　눈을 인 백두산은 남쪽 멀리 달리고,

天連黑水北流長(천련흑수북류장)　　하늘 이은 흑룡강은 북쪽으로 길이 흐르네.

完顏偉量吞遼宋(완안위량탄료송)　　완안부의 큰 세력이 요와 송을 삼키고,

大定豐功逼漢唐(대정풍공핍한당)　　크게 평정한 넉넉한 공, 중국을 위협하네.

坐對地圖還嘆息(좌대지도환탄식)　　지도를 대하고 앉아 다시 탄식하노니,

古來豪傑起窮荒(고래호걸기궁황)　　옛날부터 호걸은 어려운 환경에서 일어섰네.

『포은집』 권2

사자성어의 의미

'호걸기궁(豪傑起窮)'은 호걸은 궁핍하고 어려운 상황에서 일어난다는 뜻이다. '호걸'은 지혜와 용기가 뛰어나고 도량이 넓은 사람을 일컫는다. 역사를 통해 볼 때 호걸의 출현은 난세(亂世)에 주로 나타나고 있다. 혼란이 없는 평상시에는 지용(智勇)을 갖춘 영웅호걸의 활약이 절대적으로 요구되지 않는다. 그러나 전쟁이나 정치적 혼란이 들끓는 난세는 혼란을 타개할 인물의 등장이 요구되는 시기이다. 흔히 난세가 영웅호걸을 만든다고 한 것은 드러낼 기회가 없었던 영웅호걸의 지용과 웅지(雄志)가 난세를 만나면서 비로소 그 빛을 발할 수 있기 때문이다.

역사의 물줄기를 거슬러 올라가 보면 역사의 고비 때마다 걸출한 영웅호걸의 등장을 만날 수 있다. 영웅호걸의 등장은 역사의 분기점마다 새로운 물길을

열어 한 편의 역사를 만들어 간다. 포은선생이 살았던 시대도 분명히 난세에 해당한다. 정치적 갈등 증폭에 따른 내우(內憂)와 오랑캐와 왜구의 침략, 원·명 교체에 따른 외환(外患)은 시대의 영웅호걸이 요구되던 시기였다. 포은선생은 난세에 처한 고려를 생각할 때 국가의 운명(運命)을 밝힐 영웅호걸의 등장을 바라고 있다.

포은선생이 바라는 영웅호걸은 난세의 고려를 극복하는 데 머물지 않고 있다. 선생은 명나라를 사행하는 과정에서 우리 민족이 개척했던 광활한 역사의 흔적을 목도하였다. 역사의 발자취에 따른 회억(回憶)은 선생의 역사인식을 한반도 안에 머물러 있지 않게 했다. 포은선생은 발해를 우리의 역사 안으로 끌어들인 선각자적 인식을 지녔던 분이다. 그런 까닭에 포은선생이 염원하는 영웅호걸의 수준은 단순히 국내 평정에 머물지 않았다고 볼 수 있다. 우리의 옛 땅인 광활한 요동이 눈앞에 펼쳐져 있다. 영웅호걸은 난세에 등장한다고 했다. 그렇다면 지금이 새로운 영웅호걸이 등장할 적기이다. 포은선생이 바라는 영웅은 내우(內憂)를 한꺼번에 쓸어버리고 우리의 옛 땅인 요동으로 눈을 돌려 구토(舊土)를 수복(收復)하고 그 옛날 웅혼했던 민족적 기상을 재현하는 데 있다. 포은선생은 '호걸기궁'을 통해 광활한 요동땅을 호령할 수 있는 우리 시대의 진정한 영웅호걸의 출현을 바라고 있다.

현대인에게 주는 교훈

사람은 자신이 현재 어느 곳에 있으며 어떤 위치에 있느냐에 따라 역사를 생각하는 시각은 달라질 수 있다. 자신이 지금 서 있는 곳이 낯선 이역이고, 혹 그곳에서 오랜 세월의 흔적이 묻어있는 우리의 역사를 보았다고 가정하자. 선조들의 웅혼한 기상을 간직한 역사적 자취 앞에서 어떤 느낌이 와 닿을까? 공간의 낯설기에 비례하여 가슴 깊숙이 가로지르는 전율의 강도는 달라질 것이며, 잊고 지냈던 민족혼에 힘찬 풀무질이 더해질 수 있다. 포은선생의 시 〈여진지도〉는 그런 점과 맥락을 같이 한다. 여진지도를 보면서 광활한 요동땅을 누볐던 선조의 웅혼한 기상을 떠올렸을 것이고, 선조의 기상을 이어 오늘에 다시 그 옛날의 영광을 재현하고 싶은 마음이었을 것이다.

포은선생이 시 〈여진지도〉를 짓게 된 배경은 여진족을 토벌하기 위해 변방으로 출정한 데서 비롯한다. 선생의 출정은 문사는 나약하다는 선입견을 잠재우는 대목이다. 동북쪽 변방은 오랑캐와 왜구의 잦은 약탈이 자행되던 곳이다. 포은선생은 자주 출몰하는 여진족을 토벌하기 위해 종사관으로 참전했고, 동북면 조전원수(東北面助戰元帥)가 되어서는 왜구를 섬멸하는데 큰 공을 세웠다. 우국(憂國)의 정신이나 호연한 기상이 없이는 이룰 수 없는 일들이다.

여진족의 토벌을 위해 변방에 출정한 포은선생은 여진지도를 펼치고 토벌 작전을 계획했을 것이다. 눈앞에 펼쳐진 여진지도에는 우리의 변방과 경계한 광활한 요동땅이 그려져 있다. 생각은 먼 과거의 요동땅으로 한 달음박질 하고 있다. 생각의 출발은 여진족과 우리나라와의 관계를 역사적 사실에 바탕을 두고 시작한다. 여진족은 일찍이 고구려의 지배를 받았다가 고구려가 멸망하자, 이후 대조영이 건국한 발해에 피지배층으로 복속된 민족이다. 포은선생은 여진족과의 관계를 고구려 시대 이전부터 말하고 있다. 돌화살을 우리 조정에 바쳤던 데서부터 출발함으로써 여진족과의 관계를 상고시대까지 소급하였다. 이어서 춘추전국시대에는 숙신(肅愼)이라 불렸던 역사적 사실을 언급하여 그들과의 관계가 얼마나 오랫동안 지속되었는가를 보여준다. 이는 여진족과 우리나라가 오랜 세월 동안 상하관계를 유지해 왔음을 밝히는 대목이다. 포은선생은 여진족을 역사의 시작부터 우리나라를 상국(上國)으로 섬겨 조공을 바쳐왔던 민족임을 밝힘으로써 문화적 우월성에 대한 자긍심을 보여주고 있다.

포은선생은 여진족과의 시간적 역사 관계에 대한 사실을 말한 후 지도상의 공간적 의미로 생각을 넘겨가고 있다. 남쪽으로 흰 눈을 이고 있는 백두산에서부터 북쪽으로 하늘과 맞닿아 있는 듯한 흑룡강[헤이룽강, 아무르강]까지 광활한 대지가 펼쳐져 있다. 끝 간 데 없이 펼쳐진 대지를 보면서 포은선생은 어떤 생각에 잠겼을까? 지축을 울리며 채찍질하던 선조들의 모습이 지도 위에 그려졌음직하다. 천하를 호령하던 선조의 호기가, 굳센 기상이 마음속 한 켠에 자리해 뜨겁게 용솟음치게 한다. 역사는 지나간 시간의 흐름만이 아니다. 역사는 앞으로 나갈 방향을 제시하는 것이다. 포은선생이 진정 바란 것은 눈앞에 펼쳐진 여진지도가 여진이 아닌 우리의 지도가 되는 데 있다.

마음껏 펼쳤던 요동땅에서의 비상이 현실로 돌아와 지도를 앞에 두고 있다. 포은선생은 강성했던 여진족의 역사를 간단히 기술하고 있다. 완안부 추장 아구다[阿骨打]는 여진족을 통합한 뒤 금(金)나라를 세웠다. 그 후 한때 지배를 받았던 요나라를 멸망시키고, 송나라를 침략하는 위세를 떨쳤다. 포은선생은 시에서 금나라의 멸망에 대한 언급은 없이 강성했던 시기만을 부각하였다. 그리고 다시 지도를 앞에 두고 탄식을 하며 호걸의 출현을 기다리는 것으로 맺고 있다.

포은선생이 금나라의 멸망에 대해 언급하지 않은 데는 이유가 있는 듯하다. 요동땅을 두고 역사는 돌고 도는 것을 말하고 있는 것이다. 우리 민족이 한때 지배했던 광활한 대지가 여진족이 세운 금나라로 넘어가고 다시 몽고족이 세운 원나라에 복속되었다. 이제 그 원나라가 허물어지고 있으니 이 땅의 주인이 누가 될 것인지를 생각한 것이다. '호걸기궁'이란 시어는 그런 점에서 시사하는 바가 크다. 지금의 상황은 순탄하지 않다. 곤궁하고 어려운 시기이기 때문에 영웅호걸이 탄생하기에는 적합하다. 따라서 지금이 그 옛날의 영광을 재현할 영웅호걸이 탄생할 시기가 되는 셈이다. 포은선생의 심중에는 곧 출현할 영웅호걸이 잊혀진 우리의 옛 땅을 다시 수복하여 웅대했던 민족적 기상을 떨치기를 바라고 있다.

포은선생의 〈여진지도〉는 역사가 우리에게 주는 의미가 무엇인지를 생각하게 한다. 역사는 우리가 어떻게 형성되었으며 그 뿌리가 어디에 있는지를 묻게 한다. 자신의 존재에서부터 민족 그리고 국가에 대한 정체성의 본질적 물음이 될 수 있다. 그러나 주의할 점이 있다. 편향되고 국수적인 역사인식으로 매몰되는 것이다. 이는 역사가 우리에게 던진 진실을 외면·왜곡하여 이기적 수단으로 전락시킨다. 역사는 우리에게 반성의 기회를 줄 수도 있고 자긍심을 갖게도 한다. 발전은 현실의 자각과 반성에서 이루어진다. 역사는 자신의 현재를 가장 잘 보여주는 지나간 현재가 되는 것이다.

天 涯 日 沒

하늘 천　　물가 애　　날 일　　빠질 몰

天 : 하늘 (천) / (大 - 4획)　　　　日 : 날 (일) / (日 - 4획)
涯 : 물가 (애), 끝, 한계 / (氵 - 11획)　　沒 : 빠질 (몰) / (氵 - 7획)

[출처]

登全州望景臺(등전주망경대)

전주 망경대에 오르며

千仞岡頭石徑橫(천인강두석경횡)　　천 길 산봉 위에 돌 길이 비꼈는데,

登臨使我不勝情(등림사아불승정)　　올라서 바라보니 감회가 그지 없네.

靑山隱約扶餘國(청산은약부여국)　　청산은 보이는 듯 아닌 듯 부여국이요,

黃葉繽紛百濟城(황엽빈분백제성)　　누른 잎은 분분히 백제성에 날아드네.

九月高風愁客子(구월고풍수객자)　　구월의 높은 바람은 길손을 슬프게 하고,

百年豪氣誤書生(백년호기오서생)　　평생 호기는 서생의 신세를 그르치네.

天涯日沒浮雲合(천애일몰부운합)　　하늘가에 해 지고 뜬 구름 모이니,

怊悵無由望玉京(초창무유망옥경)　　서글퍼 옥경을 바라볼 길 없네.

『포은집』 권2

사자성어의 의미

　'천애일몰(天涯日沒)'는 하늘가에 해가 진다는 뜻이다. '천애'는 하늘의 끝 또는 까마득하게 멀리 떨어져 있는 곳을 비유하는 말이다. '일몰'은 사전적 의미로는 해가 진다는 것이나 시에서는 화자의 심상이 더해져 중의성(重義性)을 지닌다. 대체로 '천애일몰'이 시어로 쓰여질 경우 석양이 내려앉은 저녁 시간 이상의 의미를 지니고 있다. 그런 까닭에 시적 화자의 현재적 상황이 어떤 위치에 있느냐에 따라 '천애일몰'은 다양한 해석을 동반하게 된다.

　『포은집』의 원문에 덧붙여 적힌 기록을 보면, "우왕 6년(1380)에 왜적이 경상도와 전라도 등을 넘보고 지리산에 주둔해 있었는데, 선생은 이원수(李元帥-이성계)를 따라 운봉(雲峰-지금의 남원)에서 싸워 승리하고 돌아오는 길에 완산(完山-지금의 전주)을 지나면서 망경대(望景臺-萬景臺의 오기)에 올라 시를 썼다"고 되어 있다. 문집에는 언급되어 있지 않지만 이성계가 고향인 전주 오목대(梧木臺)에서

승전보 축하 만찬 중에 먼 산만 보다니!

나라가 망해가는데 망해 간다 소리를 못하니 이럴 때 충신은 먼 하늘만 볼 밖에.

승전을 자축하는 연회를 베풀었다고 한다. 자축연에서 이성계는 한나라 고조 [유방(劉邦)]의 〈대풍가(大風歌)〉를 읊으며 이야기하자 포은선생은 혼자 망경대에 올라 이 시를 지었다.

이성계가 자축연에서 〈대풍가〉를 읊자 포은선생은 그 자리를 박차고 나와 만경대에 오른 것은 나름의 이유가 있다. 한고조가 지은 〈대풍가〉의 내용과 이 시를 짓게 된 경위를 살펴본다면 포은선생의 심정을 헤아릴 수 있다. 시의 내용 은 아래와 같다.

大風起兮雲飛揚(대풍기혜운비양) 큰바람이 부니 구름이 높이 날아가네.
威加海內兮歸故鄕(위가해내혜귀고향) 위엄이 세상에 떨치니 고향에 돌아왔네.
安得猛士兮守四方(안득맹사혜수사방) 어찌 용맹한 장수를 얻어 사방을 지키지 않을쏘냐.

유방이 숙적 항우(項羽)를 물리치고 통일국가 한나라를 건국한 후, 득의에 차 서 고향인 패(沛)로 개선하여 대연회를 열었다. 연회가 절정에 이를 무렵 유방은 호방한 뜻을 담아 즉흥적으로 읊은 시가 〈대풍가〉이다. 이런 상황적 배경을 이 해한다면 이성계가 읊은 〈대풍가〉는 단순히 승리에 따른 자축이 아니라 자신의 야심을 드러낸 것이 된다.

이성계의 야심을 읽은 포은선생은 더 이상 그 자리에 더 머물 수 없어 자리 를 차고 나와 망경대에 오른 것이다. 망경대 올라 바라본 정경에서 포은선생은 백제 몰락의 긴 그림자를 보게 되고, 긴 그림자의 끝자락에는 고려가 걸려있는 것을 보았다. '천애일몰'은 당시 고려왕조의 상황을 단적으로 보여주는 말이다. 망경대에서 바라본 백제 멸망의 역사적 흔적과 저물어 가는 해는 고려왕조의 몰락을 예견하는 시상들이다. 도도히 흘러가는 역사의 물줄기를 바라보는 포은 선생의 먹먹한 심정이 전해 온다.

현대인에게 주는 교훈

1380년(우왕 6년) 8월에 왜군은 500여 척의 함선을 이끌고 진포(鎭浦−금강 입구)에 침입하여 충청, 전라, 경상 3도의 연안지역을 약탈·살육하여 그 참상이 극에 달했다. 이때, 원수 나세(羅世)·최무선(崔茂宣) 등이 화통과 화포로 왜선을 모두 격파하자 퇴로를 잃은 왜적은 더욱 발악하여 그 피해가 막심하였다. 조정에서는 이를 토벌하기 위해 이성계를 삼도순찰사로 임명하였다. 이성계는 남원의 배극렴과 합류하여 운봉을 넘어 전라도 지리산 근방 황산에서 왜구를 완전히 섬멸하였다. 이를 기려 황산대첩이라 한다. 포은선생은 이 전투에서 이성계를 따라 출정하였다.

황산대첩을 대승으로 이끈 이성계는 개경으로 돌아오는 길에 고향인 전주에 들러 자축연회를 베풀었다. 연회의 흥이 무르익자 이성계는 유방의 〈대풍가〉를 읊조렸다. 이성계의 야심을 간파한 포은선생은 그 자리를 박차고 나와 남고산 망경대에 올랐다. 나라의 안위를 걱정하는 신하의 눈에 비친 가을 풍경은 이미 완상의 대상이 아니라 우국의 한(恨)을 대신하는 공간 배경으로 바뀌었다. 폐망한 역사의 흔적 속에 오버랩(overlap) 되는 개경의 모습은 충신의 가슴을 더욱 강개(慷慨)한 심정으로 나가게 하는 매개가 된다.

시 〈등전주망경대〉의 시작은 포은선생의 감회를 술회하는 데서부터 나간다. 선생의 감회가 어디에서 비롯된 것인지는 이어지는 구절에서 알 수 있다. 누대에 올라 풍광을 바라보고 지은 시들은 경물의 아름다움에 따른 시적화자의 정서가 드러나는 것이 일반적이다. 그러나 이성계의 야심을 듣고 나온 포은선생의 입장이라면 아름다운 경치는 뒷전이고 우국의 심사가 먼저 들어서게 될 것이다. 우국의 심사는 청산에 어른거리는 부여국과 어지러이 날리는 낙엽 위의 백제성에 투영되어 있다. 역사의 뒤안길로 묻혀버려 그 존재마저 희미한 부여국과 을씨년스럽게 드러난 역사의 흔적을 바라보는 선생의 심정은 쓸쓸하기 그지없을 뿐이다. 왕조의 존망을 가늠할 수 없는 상황에서 바라보는 역사의 흔적은 지나간 시간이 아니라 다가올 시간일 수 있다는 불안과 근심을 불러일으키고 있다.

　과거에 맞닿은 시선이 현실로 돌아오고 있다. 늦가을 드높은 바람이 나그네의 심사를 서글프게 만들며 자신을 돌아보게 한다. 나라를 근심하고 위기를 대처하기 위해 떨친 호기(豪氣)가 서생의 길을 멀게 한 데 대한 후회를 보이고 있다. 그의 절친한 벗인 김구용에게 차운한 시, "간과영사해 하일시수문(干戈盈四海 何日是修文, 온 천하가 전쟁터가 되었으니, 어느 때 학문을 닦게 되려나.)"에서도 서생의 길을 가지 못한 안타까움을 드러내고 있다. 그러나 국가의 위기에서 서생의 길만을 걸을 수 없는 상황이다. 비록 호기가 서생의 길을 그르쳤다고 하지만 어지러운 국운 앞에서 당연히 떨쳐야 할 호기인 것이다. 자신의 호기로도 어쩔 수 없는 상황으로 치닫고 있다. 하늘가에 해가 지고 뜬구름이 모여 있는 상황이다. 구름으로 비유되는 권신들의 농단으로 국운은 저물어 가고 있다. 해는 저물고 갈 길은 멀기만 한데 자신의 호기로도 어쩔 수 없으니 강개(慷慨)한 심정을 금할 수 없는 것이다.

　시간의 흐름 앞에서 지금은 언젠가는 과거의 흔적으로 남게 된다. 포은선생은 망경대에 아래 펼쳐진 옛 백제의 흔적을 통해 역사의 흥망성쇠를 떠올리고 있다. 단순히 역사의 회억으로 볼 수 없는 상황이다. 이성계의 야심을 읽은 선생의 입장에서는 고려왕조의 마지막을 연상한 것이 될 수 있다. 백제와 마찬가지로 역사의 뒤안길로 사라질 것을 예감하면서도 어찌할 방도를 찾을 수 없는 자신이기에 비통한 심정은 더할 뿐이다. 거대한 역사의 흐름 앞에서 한 인간의 존재는 미미하다. 그러나 미미하다고 해서 역사의 물줄기에 같이 휩쓸려서도 안 된다. 올바른 물꼬를 터 놓을 필요가 있다. 비록 지금은 그 물꼬가 의미 없어 보일지라도 후세의 역사는 그 물꼬가 지닌 정당한 가치를 이해할 것이다. 역사의 발전은 그런 작은 물꼬들이 새로운 시대의 이정표로 자리 잡게 된다.

참고문헌

〈원전〉

鄭夢周, 『圃隱集』(韓國文集叢刊5, 民族文化推進會, 1988).

『圃隱鄭先生文集』(回想社, 2007).

『高麗史』, 「列傳」 제30, <鄭夢周>

成　倪, 『慵齋叢話』.

徐居正, 『東人詩話』.

許　筠, 『惺叟詩話』.

李晬光, 『芝峯類說』.

盧守愼, 「圃隱先生文集序」.

河　崙, 「圃隱先生詩卷序」.

申　緯, 「東人論詩絕句」.

『論語』, 景文社, 1979.

『孟子』, 景文社, 1979.

『大學』, 景文社, 1979.

『中庸』, 景文社, 1979.

『詩經』, 景文社, 1979.

〈저서〉

(社)圃隱先生崇慕事業會, 『圃隱先生崇慕誌』(2012)

포은학회 편, 포은 정몽주의 생애와 학문, 『圃隱先生集』(한국문화사, 2007).

〈논문〉

김동욱, 圃隱 鄭夢周의 生涯와 文學世界, 『語文學研究』 7(상명대학교, 어문학연구소, 1998).

김명하, 여말정치사상에서의 의리관 -圃隱과 冶隱을 중심으로, 『한국동북아논총』 8(한국동북아학회, 1998).

김상일, 鄭夢周의 인물됨과 그 전승, 『東岳語文論執』 34(東岳語文學會, 1999).

金榮洙, 圃隱 鄭夢周의 節義와 文學的 形象化, 『圃隱學研究』 1(圃隱學會, 2007).

金忠烈, 圃隱思想의 再評價와 時代的意義, 『韓國思想史學』 3(한국철학사상학회, 1990).

김인규, 圃隱 鄭夢周의 學問觀, 『圃隱學硏究』1(圃隱學會, 2009).

김인규, 포은 정몽주의 생애와 그의 학문관, 『圃隱學硏究』3(圃隱學會, 2009).

卞鍾鉉, 圃隱 鄭夢周 漢詩의 風格과 題材, 『韓國漢文學硏究』15(韓國漢文學會, 1992).

성범중, 고려 말 지식인의 중국 체험과 그 형상화 양상, 『震檀學報』114(진단학회, 2012).

신태수, 圃隱詩에 나타난 故鄕 認識과 世界 認識, 『圃隱學硏究』6(圃隱學會, 2010).

엄경흠, 鄭夢周와 權近의 使行詩에 表現된 國際關係, 『한국중세사연구』16(한국중세사학회, 2004).

유경아, 高麗末 親明外交와 圃隱 鄭夢周이 外交觀, 『圃隱學硏究』1(圃隱學會, 2007).

윤인현, 圃隱 鄭夢周의 선비精神, 『漢文學論集』30(근역한문학회, 2110).

李炳赫, 圃隱 鄭夢周詩의 後人 評說考, 『詩話學』41(東方詩話學會, 2005).

임종욱, 포은 정몽주의 시문학에 나타난 중국체험과 성리학적 세계관, 『한국문학연구』12(동국대 한국문학연구소, 1989).

임종욱, 여말선초 두 지식인의 일본 체험, 『圃隱學硏究』1(圃隱學會, 2007).

정병석, 圃隱 鄭夢周의 義理精神과 殉節의 의미, 『民族文化論叢』50(영남대 민족문화연구소, 2012).

鄭宗大, 鄭夢周의 詩와 浩然之氣, 『한국어교육학회지』94(한국어교육학회, 1997).

鄭太美, 圃隱 鄭夢周 使行詩의 硏究(成均館大 碩士論文, 1990).

崔光範, 圃隱 鄭夢周 詩의 風格, 『漢文敎育硏究』18(韓國漢文敎育學會, 2002).

河政承, 圃隱 鄭夢周 詩의 風格 硏究, 『漢文敎育硏究』16(韓國漢文敎育學會, 2001).

하정승, 圃隱詩에 나타난 經國意志와 歸鄕意識, 『漢文學報』10(우리한문학회, 2004).